# スーパーフードキッチン

最適な健康のための美味しくて栄養価の高いレシピ。スーパーフードの力を発見し、簡単に作れる 100 のレシピで健康を変えましょう

裕太 工藤

# 目次

# 序章

スーパーフード キッチンへようこそ。ここでは、スーパーフードの驚くべき力と、スーパーフードがどのように健康を変えることができるかを発見します。100 を超える美味しくて簡単に作れるレシピを掲載したこの料理本は、栄養価の高い食品を毎日の料理に取り入れるためのガイドです。

各レシピにはフルカラーの写真が付いているので、料理がどのように見えるかを正確に確認できます。各レシピの準備と調理方法に関する詳細な手順や、各スーパーフードの健康上の利点についての情報も記載されています。

朝食のスムージーやエネルギーたっぷりのスナックから、ボリュームたっぷりのスープや風味豊かなメインディッシュまで、この料理本はあなたを美味しくて栄養価の高い料理の旅へと導きます。ケール、チアシード、キヌアなどのスーパーフードを使って、食事の風味と栄養を高める方法を学びます。

体重を減らしたい場合でも、エネルギーを増やしたい場合でも、あるいは単に全体的な健康状態を改善したい場合でも、この料理本はスーパーフードの世界へのガイドです。それぞれのスーパーフードの健康上の利点と、それらの栄養価を最大化するために料理に取り入れる方法について学びます。

# スーパーフードの朝食

# 1. ふわふわホットケーキ　アサイーベリーソース添え

出来上がり量：4人分

**材料：**

**アサイベリーソース：**

● 冷凍ピュアアサイー小袋 1 個

● 冷凍ミックスベリー 1 1/2 カップ

● メープルシロップ 大さじ 1〜2

**ホットケーキ：**

● ホワイトスペルト小麦粉 1 1/2 カップ

● ベーキングパウダー 小さじ 3

● 塩 ひとつまみ

● 豆乳 1 カップ+大さじ 2

● バニラエッセンス 小さじ 1 と 1/2

● メープルシロップ 大さじ 3〜4

● 溶かしたココナッツバター 大さじ 1

**手順：**

**アサイベリーソース：**

a)鍋に材料を入れて中火にかけ、果肉が柔らかくなったら潰します。火を弱め、時々かき混ぜながら 5〜10 分煮ます。

b)ソースを鍋から温めて使用するか、冷蔵庫に数時間入れてとろみをつけます。

**ホットケーキ：**

c)大きなボウルに湿った材料を入れて混ぜ合わせ、残りの乾燥した材料を加えて混ぜます。濃厚ですが注ぎやすいものにする必要があり、生地を混ぜすぎないように注意してください。

d)ノンスティックパンを中温に加熱し、熱くなったら、中央に約 1/2 カップの生地を注ぎます。泡が出てくるのを待ち、ひっくり返してさらに 1〜2 分間調理します。ふわふわになるまで時間がかかるので気長に待ちましょう。

e)パンケーキを重ね、アサイーベリーソースやフルーツをトッピングしてお召し上がりください。

## 2. ワッフル アサイーベリーソース添え

出来上がり量：4人分

## 材料：

● アーモンド粉　1 カップ

● ベーキングパウダー　小さじ 1

● 重曹　小さじ 1/2

● ココナッツシュガー　1/4 カップ

● ココナッツミルク　1 カップ

● ココナッツオイル　大さじ 3

● バニラエッセンス　1 つまみ

● 亜麻の卵　1 個

● メープルシロップ　大さじ 1

**手順：**

a)ボウルに小麦粉、ベーキングパウダー、重曹、ココナッツシュガー、バニラエッセンスを入れて混ぜます。別のカップにココナッツオイル、ココナッツミルク、亜麻仁卵を入れて混ぜます。

b)湿った材料を乾燥した材料に加え、よく混ざるまでかき混ぜます。

c)ワッフルアイロンが加熱されている間、冷蔵庫に置いておきます。

d)鉄にココナッツオイルを塗り、ワッフルを黄金色になり少しカリカリになるまで焼きます。

e)ソースの場合は、小さな鍋に果物 2 つかみとアガベシロップ大さじ 3 を入れて、ゼリー状になるまで加熱します。冷めてからアサイーパウダー大さじ 1 を加えます。

f)ワッフルの上に注ぎ、さらにフルーツを飾ります。

## 3. アシュワガンダのお粥、プラムのコンポート添え

出来上がり量：2人分

**材料：**
**お粥用**
- もち米　100g
- 水　3/4 カップ
- ライスミルク　1 カップ
- 塩ひとつまみ
- 米甘味料　大さじ1
- バニラエッセンス　小さじ 1/2
- アシュワガンダ　小さじ1

**梅のコンポート用**
- 梅　300 グラム
- 米甘味料　大さじ2
- ターメリックパウダー　小さじ1
- 1つ星アニス
- シナモンスティック　1 本
- カルダモンポッド　2 個

**手順：**

**お粥の場合：**

a)お米を水と一緒に弱火で 10〜15 分炊きます。次に牛乳を加えてさらに 20〜30 分煮ます。

b)お粥に米甘味料大さじ 1 を加え、塩とバニラで味付けします。

c)アシュワガンダを入れて泡立てます。

**コンポートの場合：**

d)プラムを小さく切り、水、小さじ 1 杯の塩、米甘味料、ターメリック、シナモンスティック、スターアニス、カルダモンを入れた小さな鍋に入れ、中弱火で約 10〜15 分間静かに煮ます。

e)召し上がる前に、シナモンスティック、スターアニス、カルダモンのさやを取り出してください。

f)お粥と一緒にお召し上がりください。

# 4. アシュワガンダとターメリックバナナのパンケーキ

出来上がり量：2人分

## 材料：

- グルテンフリーのオーツ麦粉　1カップ
- アシュワガンダ　小さじ1
- バナナ　1本（スライス）
- 亜麻仁粉末　大さじ2
- 水　大さじ6
- 重曹　小さじ1/2
- 非乳製品ミルク　3/4カップ
- バニラエッセンス　小さじ1/2
- シナモン　小さじ1
- ターメリックパウダー　小さじ1/2
- メープルシロップ　大さじ1
- リンゴ酢　小さじ1
- ひとつまみの塩
- ココナッツオイル　小さじ1（調理用）

## その他のトッピング：

- ココナッツフレーク
- 地元の果物なら何でも
- ヘーゼルナッツバター
- カカオ豆

**手順：**

a)粉砕した亜麻仁を水と混ぜ、数回かき混ぜて 20 分間放置します

b)小麦粉をボウルに入れ、重曹を加えて混ぜ合わせます

c)亜麻仁粉、牛乳、バニラ、シナモン、ターメリック、メープルシロップ、酢を加えて混ぜ、ペースト状の混合物を形成します。

d)大きなフライパンにココナッツオイルを入れて弱火で加熱し、パンケーキの側面がきつね色になり、表面に泡が立つまで 1～2 分間焼きます。

e)泡ができたら、まずパンケーキの上にバナナのスライスを数枚加えます。

f)ひっくり返して反対側も 1～2 分焼きます。

## 5. アシュワガンダ・ゴジ・オーツ

出来上がり量：2人分

**材料：**

- クイックカットベビーオーツ
- アシュワガンダパウダー
- ゴジベリー
- スパイス
- ケルト海塩 適量
- ハニー
- 全乳またはアーモンドミルク
- オプション：黒ゴマまたはクルミ

**手順：**

a)クイックカットベビーオーツ 1 カップ、アシュワガンダ小さじ 1、スパイス、クコの実、塩を水 3 カップで数分間煮ます。

b)お好みで蜂蜜と牛乳を加えてください

## 6. ゴジベリーオーツ

出来上がり量：2人分

## 材料：

- クイックカットベビーオーツ
- アシュワガンダパウダー
- ゴジベリー
- スパイス
- ケルト海塩　適量
- ハニー
- 全乳またはアーモンドミルク
- オプション：黒ゴマまたはクルミ

## 手順：

a)クイックカットベビーオーツ 1 カップ、アシュワガンダ小さじ 1、スパイス、クコの実、塩を水 3 カップで数分間煮ます。

b)お好みで蜂蜜と牛乳を加えてください

# 7. リンゴ、クコ、ナッツのお粥

出来上がり量: 4 人分

## 材料：

- お好みのナッツ　1/2 カップ
- 芯を取り、さいの目切りにしたリンゴ　2 個
- 亜麻仁粉末　大さじ 1
- アガベシロップ　大さじ 2
- クコの実　大さじ 1
- ドライイチジク　6 個（みじん切り）

## 手順：

a)ナッツ、リンゴ、粉砕した亜麻仁、リュウゼツランをフードプロセッサーに入れます。

b)お好みの固いお粥の食感に加工してください。

c)召し上がる際は、4 つのボウルに分けてお召し上がりください。クコの実とイチジクをトッピングして、お召し上がりください。

## 8. 発芽オートミールとゴジベリー

出来上がり量: 4 人分

**材料:**

● 全粒オーツ麦 2 カップを 4 カップの水に一晩浸し、すすいだ

● 種抜きデーツ 1/2 カップ、スライスしたバナナ 1 カップ、または
アガベ シロップ 1/4 カップ

● 必要に応じて、濾過水 大さじ 2

● お好みの調味料 大さじ 1 と 1/2

● クコの実 1/2 カップ

**手順:**

a)オーツ麦とデーツを水と一緒にフードプロセッサーに入れ、調理し
たオートミールに似たクリーミーな質感に加工します。

b)必要に応じて、オプションの香料やフルーツやナッツを追加しま
す。

c)パルスしてよく混ぜます。

# 9. アシュワガンダ ビルチャー ミューズリー

出来上がり量：2人分

**材料：**

- ジャンボロールドオーツ 2 カップ
- ビーガンヨーグルト
- アーモンド 5〜6 個（スライス）
- チアシード 大さじ 2
- アシュワガンダパウダー 大さじ 1
- イチゴ 4 個（スライス）
- かぼちゃの種 大さじ 1
- レーズン 大さじ 2
- お好みでハチミツまたはメープルシロップ

**手順：**

a) メイソンジャーまたはボウルに空のジャンボロールドオーツを入れる

b) ビーガンヨーグルト、チアシード、アーモンド、カボチャの種、レーズン、アシュワガンダを追加します。十分に混ぜ合わせてください。

c) 冷蔵庫で一晩浸します。

d) 少量の牛乳を加えて、滑らかで望ましい粘稠度に達するまで再度混合します。

e) 食べる前に、バナナとイチゴのスライスを飾りとして使用します。

f) 飾りと甘味料を加えます。

# 10. アシュワガンダ チャイ ポリッジ

出来上がり量: 2 人分

## 材料：

- アシュワガンダ チャイ 12 オンスのボトル（分割）
- 無糖バニラアーモンドミルク 1 カップ、小雨用にさらに追加
- 水 1 カップ
- コーシャーソルト 小さじ 1/2
- ロールドオーツ 1/2 カップ
- スチールカットオーツ 1/2 カップ
- ピュアメープルシロップ 大さじ 1、小雨用にさらに追加
- 粉シナモン（飾り用）

## 手順：

a) 中型の鍋にチャイ 1 カップ、アーモンドミルク 1 カップ、水 1 カップ、塩を入れて混ぜます。強火で穏やかに沸騰させます。

b) 両方のタイプのオーツ麦を加え、火を中弱火に下げます。

c) オーツ麦を時々かき混ぜながら、しっかりと沸騰させて 20 分間煮ます。メープルシロップ大さじ 1 を加えて混ぜます。

d) お粥を 2 つのボウルに分け、必要に応じてチャイ、アーモンドミルク、メープルシロップを少し多めに上からかけてください。

e) シナモンをふりかけてお召し上がりください！

# 11. チョコレートグラノーラ

出来上がり量: 2 人分

材料：

- ロールドオーツ 2 カップ
- 細かく刻んだブラジルナッツ 12 個
- スライスアーモンド 1/4 カップ
- ココナッツオイル 1/4 カップ
- メープルシロップ 大さじ 2.5
- ココナッツシュガー 大さじ 1 （お好みで）
- カカオパウダー 大さじ 1/2
- アシュワガンダパウダー 小さじ 2
- バニラ 小さじ 1/2
- 海塩 小さじ 1/4
- ⅓カップチョコレートチップ
- 乾燥桑の実 1/2 カップ

**手順：**

a)オーブンを 325F に予熱し、ベーキングシートにクッキングシートを敷きます。

b)チョコレートチップと乾燥桑の実を除くすべての材料を混ぜ合わせます。

c)混合物をクッキングシートを敷いた天板に均等に広げ、焼き時間の途中でかき混ぜながら 20 分間焼きます。

d)グラノーラがまだ熱いうちにミキシングボウルに移し、チョコレートチップと乾燥桑の実を加えます。チョコレートが溶けて塊になり始めるまで混合物をかき混ぜます。

e)完全に冷めてから密閉容器に保管してください。

## 12. アシュワガンダのお粥

製造数: 4

## 材料

- アシュワガンダの根 10 個
- 水 1 1/2 リットル
- 鶏肉 120 グラム
- 香り米 100g（洗って水を切る）
- 干しキノコ 2 個
- 銀杏 12 個

### 鶏肉のマリネ：

- 薄口醤油 小さじ 1
- ごま油 小さじ 1
- とうもろこし粉 小さじ 1/2

### 調味料：

- コショウ 小さじ 1/4
- 砂糖 小さじ 1/4
- ごま油 小さじ 1/4
- 薄口醤油 小さじ 1
- 塩とコショウ

### 飾り付け

- 新生姜 1 インチ

## 手順

a)鶏肉を洗ってきれいにします。次に、それを小さく切ります。

b)鶏の骨は後で使用するために脇に置いておきます。

c)大きなボウルにアシュワガンダの根と鶏の骨を加えます。これを沸騰させます。

d)このスープを弱火で 30〜40 分間煮ます。ストックを濾します。

e)新鮮なキノコを洗って刻みます。干しきのこを使う場合は、15〜20 分ほど水に浸してください。それらを細切りにします。

f)新鮮な鍋に米、だし汁、きのこ、銀杏を入れます。これをストーブの上に置いて沸騰させます。

g)米が柔らかくなるまで混合物を煮ます。好みに応じて一貫性を保つことができます。

h)同時に、油を入れたテフロン加工のフライパンで鶏肉を半調理します。

i) 鶏の切り身をご飯の混合物に加えます。鶏肉が柔らかくなるまでさらに数分間煮ます。

j) 火を止めて調味料を調整します。

k)生姜の千切りを飾り、温かいうちにお召し上がりください。

## 13. 中国茶の卵

作る量：卵 6 個

**材料**

- 大きめの卵 6 個
- 醤油 1/4 カップ
- 水 2 カップ
- スターアニス 2 個
- セイロンシナモンスティック 1 本
- オレンジの皮 1/4
- 黒コショウ 小さじ 1/2
- スライスしたアシュワガンダの根 大さじ 1
- ココナッツパームシュガー 大さじ 1
- 紅茶葉 大さじ 3

## 手順

a) 小さめの鍋に卵を入れて 5 分ほど茹でます。卵の水を切り、冷水の入ったボウルに卵が十分に冷めるまで放置します。

b) 小さなスプーンの背を使って、卵の殻にひびが入るまで、卵の周囲全体をたたきますが、まだ無傷です。卵の殻の小さな破片が剥がれても問題ありませんが、卵の周囲に卵の殻がすべて揃った状態を保つようにしてください。

c) 卵を鍋に戻します。鍋に醤油を加えます。卵が隠れるくらいの水を加えます。すべての材料を加えます。

d) 液体を沸騰させ、その後火を弱め、蓋をして 30 分間煮ます。

e) 鍋を冷ましてから冷蔵庫に移し、少なくとも 6 時間、できれば一晩放置します。

# 14. アサイー オーバーナイト オーツ

出来上がり量: 2 人分

**材料：**
- ロールドオーツ 1 1/4 カップ
- アーモンドミルク 1 1/4 カップ
- 1/3 カップとヨーグルト小さじ 2
- アサイーパウダー 大さじ 1
- 蜂蜜 大さじ 1
- バニラエッセンス 小さじ 1/4
- 塩ひとつまみ

**手順：**
a)よく混ざるまですべての材料を混ぜます。
b)冷蔵庫に入れて 1〜2 時間または一晩置くとクリーミーになります。

# 15. アサイーフレンチトーストバイト

出来上がり量：4人分

**材料：**
- 卵 2個
- ココナッツクリーム 1/4カップ
- アサイーパウダー 小さじ1
- ひとつまみの塩
- サワードウ 半斤
- 調理用のココナッツオイル
- コーティングする砂糖
- メープルシロップを添えて

**手順：**
a) ボウルに卵、ココナッツクリーム、アサイー、塩を入れて混ぜ合わせます。

b) パンの耳を取り除き、正方形に切ります。

c) 大きなフライパンに少量のココナッツオイルを入れて加熱し、数回に分けてパンを卵混合物に入れ、余分な油を振り落とし、フライパンに置きます。

d) キューブの各面が金色になるように回転させます。

e) 四方に焼き色がついたらフライパンから取り出し、砂糖の中に直接入れて混ぜます。

f) 残りのパンでも同じことを繰り返し、メープルシロップを添えます。

## 16. アサイーホットチョコレート

出来上がり量: 2 人分

## 材料：

- アサイーピューレ 1 1/2 カップ
- 全脂肪ココナッツミルク 1 カップ
- カカオパウダー 大さじ 2 と 1/2
- バニラエキス 小さじ 1
- ひとつまみの塩

## 手順：

a) すべての材料を小さな鍋に加えます。泡立て器で混ぜ合わせ、中火〜強火で煮ます。

b) 火を中弱火に下げ、完全に温まるまで煮続けます。

c) 2 つのマグカップに均等に分け、お好みのホットココアのトッピングを飾ります。

# スーパーフードティー

# 17. ゴジベリーティー

出来上がり量: 4 人分

**材料：**

● お湯

● クコの実　ひと握り

**手順：**

a)やかんを沸騰させます。

b)乾燥したクコの実を再利用可能なティーバッグまたはティースティーパーに加えます。

c)沸騰したお湯を注ぎ、少なくとも 5 分間浸してください。

d)楽しみ！

## 18. クコ入り菊花茶

製造数: 4

## 材料：

- 熱湯　4 カップ
- 菊の花　大さじ1
- クコの実　大さじ1
- 種の入った赤いナツメヤシ　4 個
- ハニー

## 手順：

a)菊の花、ナツメヤシ、クコの実を鍋に加えます。

b)熱湯を 4 カップ加えます。

c)10 分間浸してください。

d)濾して蜂蜜を加えます。

## 19. ゴジベリーとダミアナティー

出来上がり量：2 人分

## 材料：

- クコの実　大さじ 1 （生または乾燥）
- ダミアナ　小さじ 1
- 甘草根粉末　小さじ 1/2

## 手順：

a)すべての材料をティーポットに入れ、10 オンスの熱湯を注ぎます。

b)10〜15 分間放置してからお召し上がりください。

c)煎じ薬は冷まして冷たい飲み物としてもお召し上がりいただけます。

# 20. ローズヒップとビルベリーのお茶

出来上がり量：2 人分

**材料：**

● ローズヒップの殻　大さじ 1（生または乾燥）

● 生または乾燥したビルベリー　大さじ 1

● オレンジの皮　小さじ 1

● クコの実　小さじ 1（生または乾燥）

**手順：**

a)すべての材料をティーポットに入れ、10 液量オンスの熱湯を注ぎます。

b)10〜15 分間注入し、濾してお召し上がりください。

# 21. ゴジレッドナツメヤシフルーツティー

出来上がり量：6 人分

材料：

● 種を取り除いた赤いナツメヤシ 25 グラム

● 乾燥リュウガン 20 グラム

● クコの実 20 グラム

● 水 1.75 リットル

手順：

a)あらかじめ小分けされた Goji Red Date フルーツ ティー キットのいずれかを開きます。

b)1.75L の水を沸騰させます。

c)材料を洗い、沸騰したお湯にすべて入れます。

d)火を弱火にして 1 時間煮ます。

e)提供して楽しんでください！

## 22. ゴジベリージンジャーティー

出来上がり量：3 カップ

## 材料：

- クコの実　1/4 カップ
- 熱湯　3 カップ
- 生姜　1 インチ（薄くスライス）
- 氷砂糖　1/4 カップ

## 手順：

a)クコの実を冷水で数回洗います。水を切ります。

b)3 カップの水を沸騰させます。火を止めてストーブから取り出します。

c)クコの実、生姜、氷砂糖を加えます。

d)蓋をして 1 時間浸すと風味が最大限に高まります。

e)蓋を開け、お好みでベリーと一緒にカップに注ぎ、お楽しみください。

## 23. アップル、ゴジベリー、ハニーティー

生産数: 8

**材料：**

- 皮をむき、芯を取り除いた赤い皮のリンゴ 1 キログラム
- ハニーデーツ 2 個
- 2 リットルの水
- ゴジベリー 大さじ 3
- 氷砂糖，だけで十分な
- 飾り用のリンゴのスライス

**手順：**

a)リンゴ、ハニーデーツ、水を鍋に入れます。沸騰させます。火を弱めて 1 時間煮ます。

b)濾し器で水を切り、リンゴ果汁を取り出します。

c)リンゴジュースを鍋に戻します。クコの実を加えてさらに沸騰させます。火を弱めて 15 分間煮ます。

d)必要に応じて氷砂糖を加えます。リンゴが特に甘い場合は、これは必要ないかもしれません。

e)火を止めます。投手に転向。温めても冷やしてもお召し上がりいただけます。飾りとして各グラスにリンゴのスライスをいくつか加えてもよいでしょう。

# スーパーフードスナック

## 24. アサイーベリーヨーグルトバーク

出来上がり量: 6 人分

## 材料：

- 26 オンスのギリシャヨーグルト
- 蜂蜜 1/4 カップ
- ほろ苦いチョコレート 3/4 カップ
- ピーカンナッツ 1/2 カップ（みじん切り）
- イチゴ 2 個（スライス）
- アサイベリー 1/2 カップ

## 手順：

a)チョコレートチップを電子レンジ対応のボウルに入れ、滑らかになるまで混ぜながら 30 秒間隔で加熱します。

b)大きなミキシングボウルにギリシャヨーグルトと蜂蜜を入れて混ぜます。

c)ベーキングシートにクッキングシートまたはシルパットを敷きます。

d)ヨーグルト混合物をベーキングシート全体に均等に広げます。

e)樹皮全体にチョコレートを小さな山状に点在させます。つまようじを使ってチョコレートをかき混ぜます。

f)ベリーを全体に乗せ、ピーカンナッツを乗せます。

g)2 時間冷凍します。樹皮を細かく砕いてお召し上がりください。密閉容器に入れて冷凍庫で最長 2 か月間保存できます。

## 25. チョコレートバークとゴジベリー

作ります：20 個

材料：

- 12 オンスのチョコレートチップ
- シーモスパウダー　大さじ 2.5
- 麻の実　大さじ 1
- 生ナッツ　1/2 カップ
- ゴジベリー　大さじ 2
- ヒマラヤ海塩　小さじ 1/2（オプション）

手順：

a) 材料を集めます。チョコレートバークを組み立てやすいように材料を準備してください。

b) 電子レンジ対応の大きなボウルを用意し、チョコレートを加え、電子レンジで 30 秒間隔でかき混ぜながらチョコレートを溶かします。

c) チョコレートが完全に溶けたら、クッキングシートを敷いた皿またはベーキングシートにチョコレートを移します。スパチュラを使用して、チョコレートを厚さ約 1/4 インチの薄く均一な層に広げます。

d) トッピングを追加します。

e) プレートを冷蔵庫に移し、チョコレートが固まるまで待ちます。硬化には約 30 分かかります。

f) チョコレートが固まったら、一口大に砕きます。

g) チョコレートを楽しんでください！残ったチョコレートの皮は、密閉容器に入れて冷蔵庫で最長 1 週間保存できます。

## 26. ゴジベリーファットボム

生産数: 15

**材料：**

- 溶かしたココナッツオイル 1 カップ
- バニラエッセンス 小さじ 1
- ステビア 大さじ 1
- 海塩 小さじ 1/2
- ココアパウダー 大さじ 4
- 柔らかくしたアーモンドバター 1/2 カップ
- 柔らかくした無塩バター 大さじ 2
- くるみみじん切り 1/4 カップ
- 新鮮なゴジベリー 1/4 カップ

**手順：**

a)ココナッツオイルとバニラエッセンスをフードプロセッサーで滑らかになるまで混ぜます。

b)ステビアと塩を加えます。混合物が滑らかになりダマがなくなるまでココアパウダーを混ぜます。

c)アーモンドバターと従来のバターを加えたら、3 分間ブレンドします。

d)カップにワックス紙のカップライナーを敷き、小さなカップケーキ型を準備します。カップを 3 分の 2 まで満たし、クルミとクコの実をトッピングします。

e)30 分間、または混合物が固まるまで冷凍します。料理を準備してゲストに提供します。

## 27. ゴジベリープロテインボール

生産数: 12

**材料：**

● 25 日
● カシューナッツ 1 カップ
● オーツ麦 1 カップ
● 乾燥クコの実 1/2 カップ
● レモン丸ごと 1 個

**手順：**

a)種を取り除き、デーツを約 20 分間浸して柔らかくします。

b)その間に、レモンの皮をむいて果汁を絞ります。

c)次に、クコの実を除くすべての材料をフードプロセッサーに加え、混ぜ合わせます。

d)混合物がベタベタしているがまだ少し塊状になったら、クコの実を加えます。

e)フードプロセッサーでもう一度すべてを手早く混ぜ、混合物を取り出し、一口サイズのボールに丸めます。

f)もう少し酸味を加えたい場合は、ボールをさらにレモンの皮で転がすか、カリカリとした食感を求めて、乾燥ココナッツでボールを転がしてみてください。

## 28. ゴジベリー＆ホワイトチョコレートバーク

製造数: 4

**材料：**

● 12 オンスのホワイトチョコレートチップス
● 3〜4 オンスのゴジベリー
● レッド&ホワイトスプリンクル

**手順：**

a)クッキングシートを 8×11 インチに切ります。トレイまたはまな板の上に置きます。クコの実の半分をクッキングシートの上に均等に並べます。

b)ホワイトチョコレートチップを電子レンジ対応の計量カップまたは計量皿に入れます。チョコレートが溶けるまでかき混ぜながら、45秒ずつ電子レンジに加熱します。あるいは、ダブルボイラー法を使用してチョコレートを溶かすこともできます。

c)溶かしたチョコレートをクコの実の上に注ぎ、スパチュラを使ってチョコレートを羊皮紙の端まで薄い層に広げます。残りのクコの実とスプリンクルを上に振りかけます。冷蔵庫に移して完全に冷ましてからセットしてください。

d)お好みの大きさに切ってお召し上がりください。

## 29. ココナッツ ゴジ ベリー ボール

生産数: 15

**材料：**

- 種抜きデーツ 1 カップ詰め
- 上質または中程度の無糖の細切りココナッツ 1 カップ
- 生カシューナッツ 1/2 カップ
- 乾燥クコの実 1/2 カップ
- コーティング用の追加のココナッツ、オプション

**手順：**

a)デーツをボウルに入れ、熱湯を注ぎます。15 分間浸した後、よく水を切ります。

b)ココナッツ、クコの実、カシューナッツをフードプロセッサーに加え、高速で約 30 秒間混ぜます。

c)水気を切ったデーツを加えて、もろい生地に加工します。

d)生地を 15 個のボールに丸め、お好みで刻んだココナッツを巻きます。冷蔵庫で最大 7 日間、冷凍庫で最大 3 か月間保存できます。

## 30. ゴジココナッツアーモンドトライアングル

製造数: 6

## 材料：

● 生アーモンド　3 カップ

● ゴジベリー　1/2 カップ

● ココナッツフレーク　1 カップ

● ココナッツウォーターパウダー　大さじ 2

● ⅓カップ蜂蜜

● バニラエッセンス　小さじ 1

● 塩　小さじ 1/4

● ⅓お湯

## 手順：

a)フードプロセッサーでアーモンドを細かくなるまでパルスします。残りの乾燥成分を混合し、再度パルスします。大きなボウルに注ぎ、脇に置きます。

b)別のボウルに蜂蜜、お湯、バニラを入れて混ぜます。よくかき混ぜて乾燥材料に加えます。シナモンと塩を加えてよく混ぜます。

c)混合物を大きなグラタン皿に置き、手で均等に押し込みます。

d)バーを冷蔵庫で少なくとも 30 分間冷やしてから、正方形に切ってお召し上がりください。

# 31. アサイー エナジー ボール

出来上がり量: 6 人分

## 材料

- アサイーパウダー　大さじ 2
- 滑らかなカシューナッツバター　1 カップ
- メープルシロップまたはその他の液体甘味料　1/4 カップ
- ロールドオーツ　1/2 カップ
- 乾燥ココナッツ　1/4 カップ
- プロテインパウダー　1/2 カップ

## 手順

a) ボウルにカシューナッツバター、ロールドオーツ、アサイーパウダー、ピュアメープルシロップ、乾燥ココナッツ、プロテインパウダーを入れて混ぜます。

b) 完全に混ざったら、一度に大さじ山盛り 1 杯をスプーンで取り出し、手でしっかりと混ぜ合わせます。

c) 手のひらで転がしてボールを作り、クッキングシートを敷いたトレイに置きます

d) すべての混合物をボール状に丸めたら、冷蔵庫に数時間入れます

## 32. アサイーバー

作る：10 バー

## 材料

- 生くるみ 1/2 カップ
- ロールドオーツ 1 1/2 カップ
- 海塩 小さじ 1/4 - オプション
- 3/4 カップに詰められた、種の入った柔らかいメジュール デーツ - およそ 9 ～ 10 個の中型デーツ
- ヘンプシード 1/4 カップ
- アサイーパウダー 1/4 カップ
- メープルシロップ 1/4 カップ
- バニラエッセンス 小さじ 1
- ビーガンチョコレートチップ 1/2 カップ
- 千切り無糖ココナッツフレーク 1/4 カップ
- クコの実 1/4 カップ

## 手順

a)オーブンを 350°F に予熱します。8×8 のベーキングパンにクッキングシートを敷きます。

b)クルミをフードプロセッサーに加え、非常に細かく砕けるまで加工します。

c)裸のベーキングシートに、フードプロセッサーからのオーツ麦とクルミを加えます。

d)手で広げて混ぜ合わせ、必要に応じて海塩を振りかけます。10〜12 分間、またはわずかに茶色になるまで焼きます。ボウルに移して少し冷まします。

e)オーツ麦とクルミが敷き詰められた天板。

f)その間に、フードプロセッサーにデーツ、麻の実、アサイーパウダー、メープルシロップ、バニラを加えます。完全に混ざるまでブレンドします。

g)ブレードを取り外し、スパチュラを使用してアサイー混合物を中くらいのボウルに移します。

h)トーストしたオーツ麦とクルミの混合物をボウルに加え、アサイー混合物と混ぜます。完全に混ざるまでスプーンでかき混ぜます。チョコチップを入れて混ぜ合わせます。

i) 混合物を 8×8 のパンに移し、均等に押し込みます。ヘラを使ってしっかりと押し込みます。次に、クコの実を上に均等に振りかけ、混合物に押し込み、ココナッツフレークを加え、しっかりと押し込みます。押せば押すほど、バーはしっかりと固定されます。

j) 20 分間冷凍して硬化させます。準備ができたら、クッキングシートの端をつかんで取り出し、まな板に移します。大きめのナイフを使って 10 等分に切ります。

k)保存方法: 密閉容器に入れて冷蔵で 2 週間、冷凍で 2 か月間保存できます。冷凍の場合は冷蔵庫で一晩解凍してください。

## 33. アシュワガンダ ヘーゼルナッツ スクエア

生産数: 8

## 材料：

- 乾燥デーツ 4 個
- ドライアプリコット 2 個
- 生蜂蜜 大さじ 2
- ヘーゼルナッツ 8 個
- くるみ半分 8 個
- カシューナッツ 8 個
- すりおろしたココナッツ 大さじ 2
- アシュワガンダパウダー 大さじ 1
- バニラエッセンス 大さじ 1
- ヒマラヤ塩 ひとつまみ
- 飾り用ごま 小さじ 1

## 手順：

a)フードプロセッサーにすべての材料を入れ、滑らかになるまで混ぜます。

b)スパチュラを使用して、混合物をクッキングシートを敷いた天板に広げます。

c)ゴマをふりかけ、少なくとも 30 分冷蔵庫で冷やします。

d)冷蔵庫から取り出し、4 等分に切ります。

## 34. アシュワガンダ カシュー バー

作る：16 バー

**材料：**

**クラスト**

- ココナッツの細切り $\frac{3}{4}$ カップ
- 活性化ヒマワリの種 1 3/4 カップ（浸漬）
- 1/3 カップに穴が開いたメジュールデーツ
- セイロンシナモン 小さじ 1
- 海塩 小さじ 1/2
- コールドプレスココナッツオイル 大さじ 2

**充填**

- 一晩浸した生カシューナッツ 2 カップ
- ココナッツの細切り 1 カップ
- ココナッツケフィア 1 カップ
- 1/3 カップメープルシロップ，だけで十分な
- バニラビーンズ 小さじ 1/4
- 新鮮なレモン汁 大さじ 2
- レモンの皮 小さじ 1
- アシュワガンダパウダー 大さじ 2
- 海塩 小さじ 1/2
- ターメリックパウダー 小さじ 1/2
- 黒コショウ 小さじ 1/4
- ココナッツオイル 1/4 カップ

**手順：**

**クラスト**

a)　鍋にココナッツオイルをすべて溶かします。

b)　刻んだココナッツ、ヒマワリの種、メジュールデーツ、シナモン、海塩をフードプロセッサーで混ぜます。細かく砕けるまで混合物をパルスします。

c)　温めたココナッツオイル大さじ 2 をゆっくりと注ぎます。材料を再度パルスします。

d)　生地の混合物を裏打ちされたブラウニーパンに注ぎ、しっかりと均等に押し下げて生地を形成します。

e)　冷凍庫に入れてください。

**充填**

f)　フードプロセッサーで、カシューナッツ、すりおろしたココナッツ、ケフィア、メープルシロップ、バニラビーンズ、レモン汁、レモンの皮、アシュワガンダパウダー、塩海、ターメリック、黒コショウを細かく砕けるまで混ぜます。

g)　溶かしたココナッツオイル/バターをゆっくりとかき混ぜます。

h)　ゴールデンミルクフィリングをスパチュラで生地の上にこすり落とし、均等に広げます。

i)　型を冷蔵庫に一晩入れて硬化させます。

j)　食べる準備ができたら、冷蔵庫/冷凍庫から皿を取り出してください。

k)　ブロックを大きなまな板の上に置き、必要に応じて 10 ～ 15 分間解凍します。

l)　16 等分に均等に切ります。

m)　ココナッツフレークを添えてすぐにお召し上がりください。

## 35. ナッツバターとココナッツボール

作る: 12 ボール

**材料：**

- 16 オンス ヘーゼルナッツバター
- ドライフルーツ 1/2 カップ
- セミスイートチョコレートチップまたはカカオニブ 1/2 カップ
- チアシード 1/4 カップ
- ハチミツまたはアガベシロップ 1/4 カップ
- アシュワガンダパウダー 1/4 カップ
- ターメリックパウダー 小さじ 1/2
- シナモンパウダー 大さじ 1/2
- ココナッツフレーク、コーティングするのに十分な量

**手順：**

a) すべての材料を乾燥したクッキー生地のようになるまで混ぜます。

b) 生地を小さなボールに分割します。

c) ボールをココナッツフレークでコーティングします。

d) 冷蔵庫で 1 時間ほど寝かせて固めます。

## 36. デートトリュフ

生産数: 8

**材料：**

- デーツ 10 個（乾燥させて種を取り除いたもの）
- アシュワガンダパウダー　小さじ 2
- ダークまたはセミスイートのチョコレートチップ　1/2 カップ
- 精製ココナッツオイル　小さじ 1
- 海塩と胡麻をトッピング

**手順：**

a)ブレンダーまたはフードプロセッサーを使用して、デーツとアシュワガンダをペーストに混ぜます。小さなボールに丸めます。粘りすぎて形が崩れる場合は、冷蔵庫で 10 分間冷やしてください。その間に、小さな鍋にチョコレートチップとココナッツオイルを入れて中火で加熱します。頻繁にかき混ぜてください。

b)デーツボールをチョコレートに浸してコーティングし、スプーンで取り出します。クッキングシートを敷いた天板に置き、海塩とゴマを振りかける。冷蔵または冷凍してチョコレートを冷やし固めます。

## 37. アシュワガンダ トレイル ミックス

製造数: 4

**材料：**

- ココナッツオイル　大さじ1
- クミンパウダー　小さじ1
- カルダモンパウダー　小さじ1
- ゴールデンレーズン　1カップ
- かぼちゃの種　1カップ
- ごま　大さじ1
- アシュワガンダパウダー　小さじ1

**手順：**

a)小さな鍋にココナッツオイルを入れて中火にかけます。オイルが液状になったら、クミンとカルダモンを加えます。油とスパイスを1分間、または香りが立つまで加熱します。

b)レーズン、カボチャの種、ゴマを鍋に加え、オイルとハーブが均一にコーティングされるようにかき混ぜます。

c)3〜5 分間、または種が茶色になり始めるまで時々かき混ぜ、その後火から下ろし、アシュワガンダを加えてかき混ぜます。クッキングシートに移し、均等に広げて冷まします。

d)温かいうちに食べるとグラウンディング効果が高まります。

## 38. 焼かないエナジーボール

製造数: 4

**材料：**
**エナジーボールの場合：**

- 浸して脱水したくるみ　3/4 カップ
- 浸して乾燥させたアーモンド　3/4 カップ
- 8 つの日付がピットイン
- チアシード　1/8 カップ
- ココナッツオイル　大さじ 1-1/2
- カカオパウダー　1/4 カップ
- 生蜂蜜　大さじ 1-1/2
- 粉末シナモン　小さじ 1
- バニラエッセンス　小さじ 1
- マカパウダー　大さじ 2
- アシュワガンダパウダー　小さじ 2
- カカオニブ　大さじ 2（オプション）

**エナジーボールを転がすには：**

- ベリーパウダーはフリーズドライベリーを粉砕して作られます
- 無糖の細切りココナッツ
- カカオパウダー

**手順：**

a)デーツを温水に約 10 分間浸して柔らかくします。

b)デーツを浸している間に、アーモンドとクルミをフードプロセッサーで粉砕します。

c)デーツの水を濾し、フードプロセッサーに加えます。「生地のような」粘稠度が形成されるまでパルスします。残りの材料を加え、よく混ざるまでパルスします。

d)ボールを形成します。必要に応じて、ベリーパウダー、刻んだココナッツ、またはカカオパウダーを巻き込みます。蓋付きの容器に入れて冷蔵庫で最長 4 日間保存できます。

## 39. アシュワガンダ ヘルシー ボール

製造数: 4

**材料：**

- パームジャガリー 1/2 カップ
- オーガニックアシュワガンダパウダー 1/4 カップ
- ギー 大さじ 3
- カルダモンパウダー 小さじ 1
- シナモンパウダー 小さじ 1
- 小麦粉 大さじ 1

**手順：**

a)厚底の鍋を弱火から中火で加熱し、パームジャガリーと少量の水を加えます。ジャガリーが完全に溶けて糸状になるまでかき混ぜ続けます。

b)次に、アシュワガンダパウダーを加えます。ジャガリーとよく混ざり合うようによく混ぜてください。

c)同様にギーを加えてさらによく混ぜます。また、火を弱めてカルダモンパウダーと小麦粉を加えます。もう一度よく混ぜて火を止めます。

d)この調製した混合物を 5 分間冷却する。ある程度温まったら団子状に丸めます。ボールが小さすぎず、大きすぎないことを確認してください。それぞれ約 1 オンス。気密容器またはガラス瓶に入れて提供または保管してください。

# 40. カカオ アシュワガンダ アーモンド

出来上がり量：3 カップ

## 材料

- 生アーモンド 3 カップ
- エキストラバージンオリーブオイル 大さじ 2
- ピュアメープルシロップ 1/4 カップ
- 海塩 小さじ 1

## コーティング

- ココナッツシュガー 1/4 カップ
- 生カカオパウダー 1/4 カップ － 分割
- アシュワガンダパウダー 小さじ 2

## 手順

### コーティング

a) フードプロセッサーで、砂糖、ココア大さじ 2 杯、アシュワガンダを一緒に混ぜます。

b) 残りの大さじ 2 杯のカカオパウダーを入れた小さなボウルと一緒に脇に置きます。

### アーモンド

c) オーブンを 350 度に予熱します。

d) クッキングシートを敷いた天板にアーモンドを一層に広げ、10 分間焼きます。

e) 中くらいのボウルに、油、メープルシロップ、塩を入れて混ぜます。

f) アーモンドが 10 分間焼き上がったら、液体の入ったボウルに加え、完全にコーティングされるまで混ぜます。アーモンドを天板に均等に広げます。

g) オーブンに戻してさらに 4 分間かき混ぜ、再びオーブンに戻して 4 分間加熱します。

h) アーモンドと残ったキャラメルシロップをボウルに注ぎます。

i) カカオミックスをよく混ぜます。

j) 新しいクッキングシートを敷いた天板にアーモンドを均等に広げます。冷まします。

k) 小さめの細かいメッシュの手持ちストレーナーまたはメッシュのティーストレーナーを使用して、アーモンドに取っておいたカカオパウダーをまぶすか、瓶の中で振ります。

## 41. カカオプロテインバイト

製造数: 4

**材料：**

- プレーンオールドファッションオーツ  1 カップ
- バニラまたはプレーンプロテインパウダー  1/2 カップ
- クリーミーピーナッツバター  1/2 カップ
- 蜂蜜  大さじ 3
- 刻んだ塩漬けアーモンド  1/4 カップ
- カカオニブ  1/4 カップ
- バニラエッセンス  小さじ 1
- アシュワガンダパウダー  小さじ 1

**手順：**

a) すべての材料を中くらいのミキシングボウルに入れて混ぜます。

b) ボール状に丸めます。冷やして固めます。

c) 室温または冷蔵で 1 週間まで保存できます。

## 42. ペパーミントチョコレートバーク

製造数: 4

**材料：**

- カカオ 1 1/2 カップ
- アシュワガンダの根 小さじ 1
- ココナッツオイル 1 カップ
- バニラ 小さじ 1
- シナモン 小さじ 1/2
- ナツメグ 小さじ 1/4
- メープルシロップ 大さじ 2
- ペパーミントスティック 3 本をマッシュアップ

**手順：**

a) ベーキングトレイにクッキングシートを敷き、脇に置いておきます

b) 中型の鍋を弱火にかけ、ココナッツオイルを溶かし始めます。次に、追加の材料をすべて混ぜ合わせ、滑らかになるまでゆっくりと混ぜ合わせます（約 1 分）

c) 火を止めて、スパチュラを使ってクッキングシートを敷いた天板に移します。

d) 砕いたペパーミントをチョコレートの上にそっと振りかける

e) 冷蔵庫に 3 時間または一晩置きます

f) 樹皮を好みの大きさに砕きます。メイソンジャーに保管するか、すぐにお召し上がりください

## 43. アサイーマキベリーバー

作る：16 バー

## 材料
### クラストの場合
● 無糖フレークココナッツ 3/4 カップ
● アーモンド粉 1/4 カップ
● 穴の開いたメジュールデーツ 4 個
● ココナッツオイル 大さじ 2
● コーシャーソルト 小さじ 1/4

### チーズケーキ用
● 生カシューナッツ 2 カップ（浸したもの）
● 缶詰の全脂肪ココナッツミルク 1/2 カップ
● 溶かして冷やしたココナッツオイル 1/4 カップ
● ⅓カップピュアメープルシロップ
● 新鮮なレモン汁 1/4 カップ
● アサイーマキベリーミックス 1/4 カップ
● 飾りにブルーベリー

## 手順
a) 8×8 インチの型にクッキングシートを敷き、ココナッツオイルを塗ります。脇に置いておきましょう。

b) ココナッツ、アーモンドプードル、種抜きナツメヤシ、ココナッツオイル、塩をフードプロセッサーまたは高性能ブレンダーに加え、小さな

部分が残る粘着性の生地のような状態になるまで粉砕します。加工しすぎるとナッツバターになってしまうので注意！デーツ生地を用意した型の底に沿って均等に押し込みます。

c)同じフードプロセッサーまたは高性能ブレンダーで、フィリングの材料をすべて混ぜ合わせ、2〜3 分間、または混合物が滑らかでクリーミーになるまでブレンドします。必要に応じて側面をこすり落とします。

d)滑らかになったら、混合物を味見し、必要に応じて甘味/酸味のレベルを調整します。

e)用意しておいた型にフィリングを入れ、生地の上に注ぎます。上部を滑らかにし、鍋をカウンターに数回強く叩き、気泡を抜きます。

f)切る前に冷凍庫内の平らな場所に置き、少なくとも 3 時間冷やして固めます。まだ熱いナイフでバーを切る前に、ナイフをお湯で温めて温めることをお勧めします。お召し上がりになる前に、室温で 10〜15 分間解凍してください。

g)残ったものはしっかりとラップをして冷凍庫に保管してください。

# 44. AÇAÍ チョコレートトリュフバイト

出来上がり量: 6 人分

## 材料

- アサイーピューレ 1/2
- 溶かしたココナッツオイル 1/4 カップ
- メジュールデーツ 1/2 カップのピットを削除
- ヘンプシード 1/4 カップ
- カカオパウダー 大さじ 2
- 蜂蜜 大さじ 2
- ローリング用チョコレートソース ひとつまみ

## トッピング:

- 蜂花粉
- ココナッツフレーク
- カカオニブ
- カイエンパウダー

## 手順:

a)フードプロセッサーで、アサイー、ココナッツオイル、デーツ、ココナッツフレーク、麻の実、カカオパウダー、蜂蜜、塩を混ぜます。

b)混合物をボウルに入れ、蓋をし、少なくとも 1 時間冷やします。ミックスが固まったら、小さじサイズのボールをすくい取ります。各ボールをチョコレートソースの中で転がします。完全に覆われていることを確認し、硬化するまで脇に置きます。

c)チョコレートが完全に固まる前に、トッピングを振りかけます。

## 45. アサイーチョコレートカバーバナナ

出来上がり量: 6 人分

## 材料
- アサイーピューレ 1/2
- 皮をむいて冷凍した冷凍バナナ
- ビーガンダークチョコレート 1 バー
- 海塩
- バニラ抽出物
- ココナッツオイル

## 手順：

a)チョコレートソースを作るには：ダブルボイラーを使用して、チョコレートチャンク、油、塩、バニラ、アサイーパックを加熱します。油を少し追加する必要があるかもしれませんが、焦げないように常にかき混ぜ続けてください。

b)バナナを作るには： ベーキングシートにクッキングシートを敷き、冷凍庫から冷凍バナナを取り出します。チョコレートで巻いたり、ナイフで温かいチョコレートソースを塗ったりすることもできます。チョコレートに浸したら、トッピングを加えて冷凍庫に戻して固めます。少なくとも 1 時間は凍らせてください。

## 46. バターナッツクロスティーニ、アサイードリズル添え

作る量：クロスティーニ約 16 個

**材料：**

● 中型のバターナッツかぼちゃ 1 個（皮をむき、種を取り、1/2 インチの立方体に切る）

● エクストラバージン オリーブオイル 大さじ 2、小雨用にさらに追加

● ⅓ トーストしたヘーゼルナッツを粗く刻んだカップ

● アサイーピューレ 1/2

● バルサミコ酢 大さじ 2

● バゲット 1 個（厚さ 1 インチの輪切り）

● 飾り用に刻んだ新鮮なチャイブ

**手順：**

a)オーブンを華氏 400 度に予熱します。

b)バターナッツスカッシュをオリーブオイル大さじ 2 で和え、塩と黒コショウで味付けします。大きなベーキングシートに均等に広げ、カボチャが柔らかくなり軽くキャラメル色になるまで、途中で投げながら 20 分間ローストします。

c)その間に、小さな鍋にアサイー、バルサミコ、塩ひとつまみを入れて混ぜ合わせます。沸騰させ、非常に濃くなるまで約 20 分間煮ます。

d)かぼちゃの準備ができたら、バゲットにオリーブオイルを軽く垂らし、熱いオーブンでトーストします。準備ができたら、各パンの表面にバターナッツスカッシュを 1 杯乗せ、ヘーゼルナッツをふりかけ、アサイー バルサミコ ソースをかけます。チャイブを飾り、お召し上がりください。

# スーパーフードボウル

# 47. キャベツのマイクログリーン添えアサイーボウル

作ります：アサイーボウル 2 杯

**材料：**

● キャベツ マイクログリーン 1/2 カップ

● 冷凍バナナ 1 本

● 冷凍レッドベリー 1 カップ

● アサイーパウダー 大さじ 4

● アーモンドミルクまたはココナッツミルク 3/4 カップ

● プレーンギリシャヨーグルト 1/2 カップ

● アーモンドエキス 小さじ 1/4

**ガーニッシュ：**

● トーストしたココナッツフレーク

● 桃のスライス、ブルーベリー、ラズベリー、ブラックベリー、イチゴ、チェリーなどの新鮮な果物。

● グラノーラまたはトーストしたナッツ/種子

● 蜂蜜の霧雨

**手順：**

a) 牛乳とヨーグルトを大型の高速ブレンダーで混ぜます。冷凍フルーツのアサイー、キャベツのマイクログリーン、アーモンドエキスを加えます。滑らかになるまで低速でブレンドを続け、必要な場合にのみ液体を追加します。アイスクリームのように濃厚でクリーミーでなければなりません。

b) スムージーを 2 つのボウルに分け、お好みのトッピングをすべてトッピングします。

## 48. ブラジルナッツのアサイーボウル

出来上がり量：1 食分

## 材料：

● ブラジルナッツ 1/2 カップ

● アプリコット 2 個（浸したもの）

● 水 1 と 1/2 カップ

● アサイーパウダー 大さじ 1

● 冷凍ブラックベリー 1/4 カップ

● 塩 1 つまみ

## 手順：

a)ブラジルナッツを水に入れて混ぜ、ワイヤーストレーナーで濾します。

b)他のすべての材料とブレンドします。

## 49. ココナッツキヌアの朝食ボウル

製造数: 4

**材料：**

- ● ココナッツオイル　大さじ 1
- ● 洗った赤または黒キヌア　1 1/2　カップ
- ● 14　オンス缶の無糖ライトココナッツミルクと、さらにお召し上がりいただけます
- ● 水　4 カップ
- ● 細粒海の塩
- ● 蜂蜜、アガベ、またはメープルシロップ　大さじ
- ● バニラエッセンス　小さじ 2
- ● ココナッツヨーグルト
- ● ブルーベリー
- ● クコの実は
- ● ローストしたカボチャの種
- ● トーストした無糖のココナッツフレーク

**手順：**

a) 鍋に油を中火で熱します。キヌアを加え、頻繁にかき混ぜながら約 2 分間トーストします。ココナッツミルクの缶、水、塩ひとつまみをゆっくりとかき混ぜます。キヌアは最初は泡を立てて飛び散りますが、すぐに落ち着きます。

b) 沸騰したら蓋をし、火を弱め、柔らかくクリーミーな粘稠度になるまで約 20 分間煮ます。火から下ろし、蜂蜜、アガベ、メープルシロップ、バニラを加えて混ぜます。

c) 提供するには、キヌアをボウルに分けます。追加のココナッツミルク、ココナッツヨーグルト、ブルーベリー、クコのベリー、カボチャの種、ココナッツフレークをトッピングします。

## 50. スカッシュゴジボウル

製造数: 4

**材料：**

- どんぐりかぼちゃ（中）2 個
- ココナッツオイル　小さじ 4
- メープルシロップまたはブラウンシュガー　大さじ 1
- ガラムマサラ　小さじ 1
- 細粒海の塩
- プレーンギリシャヨーグルト　2 カップ
- グラノーラ
- クコの実は
- ザクロ仮種皮
- 刻んだピーカンナッツ
- ローストしたカボチャの種
- ナッツバター
- 大麻の種子

**手順：**

a)オーブンを 375°F に予熱します。

b)かぼちゃをヘタから底まで半分に切ります。種をすくって捨てます。半分の果肉にオイルとメープルシロップを刷毛で塗り、ガラムマサラと海塩をひとつまみ振りかけます。かぼちゃを縁のある天板に切り口を下にして置きます。柔らかくなるまで 35〜40 分間焼きます。

c)かぼちゃをひっくり返して少し冷まします。

d)召し上がりには、各半分のカボチャにヨーグルトとグラノーラを入れます。クコの実、ザクロ仮種皮、ピーカンナッツ、カボチャの種を上に乗せ、ナッツバターをふりかけ、麻の実をふりかけます。

## 51. スーパーフードのヨーグルトボウル

製造数: 4

**材料：**

● ギリシャヨーグルト 1 カップ

● カカオパウダー 小さじ 1

● バニラ 小さじ 1/2

● ザクロの種

● 大麻の種子

● チーア種子

● クコの実は

● ブルーベリー

**手順：**

a) すべての材料をボウルに入れて混ぜます。

## 52. バナナとココナッツのアサイーボウル

作ります: アサイーボウル 2 杯

## 材料
- リンゴジュース 3/4 カップ
- ココナッツヨーグルト 1/2 カップ
- バナナ 1 本
- 冷凍ミックスベリー 2 カップ
- 冷凍アサイーピューレ 150g

**トッピング:**
- いちご
- バナナ
- グラノーラ
- ココナッツフレーク
- ピーナッツバター

## 手順:

a)ブレンダーにリンゴジュースとココナッツヨーグルトを加えます。

b)残りの材料を加えて蓋をしっかり閉めます。変数 1 を選択し、変数 10 までゆっくりと増やします。タンパーを使用して材料をブレードに押し込み、55 秒間、または滑らかでクリーミーになるまでブレンドします。

## 53. アサイーチェリースムージーボウル

作ります: アサイーボウル 2 杯

## 材料
- ココナッツヨーグルト 大さじ 4
- すくえる冷凍アサイー 1/2 カップ
- バナナ 2 本（生または冷凍）
- 冷凍チェリー 1/2 カップ
- 新生姜 1cm 角

**トッピング:**
- カシューバター
- ココナッツヨーグルト
- イチジク、スライス
- ダークチョコレートの塊
- ブルーベリー
- さくらんぼ

## 手順：

a)最初にココナッツヨーグルトを加えてから、残りの材料をブレンダー容器に加え、蓋をしっかり閉めます。

b)クリーミーになるまで 55 秒間高速でブレンドします。お気に入りのココナッツボウルにすくって、トッピングを重ねてお召し上がりください。

## 54. シーモス入りアサイーボウル

分量：4 人分

**材料：**

- 海苔
- アサイーベリーピューレ
- グラノーラ 1/2 カップ
- マカパウダー　大さじ 2
- カカオパウダー　大さじ 2
- アーモンドバター　大さじ 1
- お好みのフルーツ
- シナモン

**手順：**

a) 材料を混ぜ合わせ、その上に新鮮なフルーツを加えます。

b) 楽しみ。

# 55. AÇAÍ マンゴーマカダミアボウル

出来上がり量: 2 人分

**材料：**
- アサイーピューレ 1/2
- 冷凍バナナ 1 本
- 冷凍マンゴー 1/2 カップ
- マカダミアナッツミルク 1/4 カップ
- カシューナッツ ひと握り
- ミント 2 枝
- トッピング: スライスマンゴー、スライスバナナ、トーストココナッツスライス

**手順：**
a)すべての材料を混ぜ合わせ、トッピングして、マンゴーマカダミアアサイーボウルをお楽しみください。

# 56. グリーン **AÇAÍ** ボウル、フルーツとベリー添え

出来上がり量: 2 人分

## 材料：

● アサイーピューレ 1/2

● チョコレートヘンプミルク $\frac{1}{8}$ カップ

● バナナ 1/2 本

● ヘンププロテインパウダー 大さじ 2

● マカ 小さじ 1

● トッピング: 新鮮な季節のフルーツ、ヘンプシード、フレッシュバナナ、ゴールデンベリー。ホワイトマルベリー、ゴジベリー、キウイ

## 手順：

a)すべてをブレンダーに入れ、非常に濃くなるまでブレンドし、必要に応じて液体を追加し、ボウルに注ぎます。

b)フルーツなどお好みのものをトッピングしてください！

## 57. ビタミンブースト AÇAÍ ボウル

出来上がり量: 2 人分

## 材料：

- アサイーピューレ 1/2
- ブルーベリー 1 カップ
- 熟したアボカド 1/2 個
- ココナッツウォーターまたは非乳製品ミルク 1 カップ
- 乳製品不使用ヨーグルト 1/2 カップ
- ナッツバター 大さじ 1
- ココナッツオイル 大さじ 1

## 手順：

a) すべてブレンダーに入れてお召し上がりください。

b) ボウルにしたい場合は、アサイーピューレと冷凍バナナを追加します。

c) 濃くなるまでブレンドし、ボウルに注ぎ、お好みの新鮮なフルーツをトッピングします。

# スーパーフードサラダ

## 58. アサイーベリークワークのフルーツサラダ

出来上がり量: 2 人分

**材料：**
- リンゴ 1 個
- バナナ1 本
- 4 キウイ
- 新鮮なベリー 200 グラム
- 種なしブドウ 200 グラム
- クオーク 100 グラム
- 蜂蜜 大さじ 1
- アサイーベリーパウダー 大さじ 1

**手順：**

a)リンゴを洗い、四等分し、芯を取り、細かく切ります。バナナの皮をむき、スライスします。キウイは皮をむき、縦に 4 等分に切ります。キウイを細かく切ります。ベリーを洗い、軽くたたくように乾燥させます。ブドウを洗い、大きい場合は半分にします。フルーツを混ぜてボウルに分けます。

b)クワルクを蜂蜜とアサイーベリーパウダーと滑らかになるまでかき混ぜます。各フルーツサラダの上に風味豊かなクワルクを少量添え、必要に応じてゴマブリトルを飾ります。

## 59. マンゴーとアボカドのサラダ、アサイーベリービネグレット添え

出来上がり量：4 人分

**材料：**

● アサイーミックスベリージュース  1/2 カップ

● オリーブオイル  1/4 カップ

● バルサミコ酢  1/4 カップ

● 水  大さじ 2

● ディジョン風マスタード  大さじ 1

● ニンニク  1 片（みじん切り）

● 挽いた黒コショウ  小さじ 1/8

● 刻んだロメインレタス  6 カップ

● 中くらいのマンゴー  1 個（皮をむき、種を取り、スライスする）

● アボカド  中  1/2 個（種を取り、種を取り除き、スライスする）

**手順：**

a) 中くらいのボウルにジュース、油、酢、水、マスタード、ニンニク、黒コショウを入れて泡立て器またはフォークで混ぜます。

b) レタスをサラダボウル 4 つに分けます。マンゴーとアボカドのスライスをトッピングします。

c) 各サラダにビネグレットソース大さじ 2 をかけます。すぐにお召し上がりください。

## 60. グリーンサラダ アサイーベリードレッシング添え

分量: 3〜4 人分

材料：

**AÇAÍ ベリードレッシング**

● 無糖アサイー 100 グラムパック （室温）

● ココナッツオイル 1/4 カップ

● リンゴ酢 1/4 カップ

● 蜂蜜 大さじ 2

● チアシード 大さじ 1

● 海塩 小さじ 1

**サラダ**

● 薄くスライスしたケール 2 カップ

● 白菜の薄切り 2 カップ

● 薄くスライスしたタンポポの葉 1 カップ

● 薄くスライスした赤キャベツ 1 カップ

● 薄くスライスしたバジル 1/2 カップ

● 細切りビーツ 1/2 カップ

● 千切りニンジン 1/2 カップ

● トーストしたカボチャの種 1/2 カップ

● ひまわりの新芽

**手順：**

a)アサイーベリードレッシングを作るには：すべての材料をフードプロセッサーまたはブレンダーで滑らかになるまで混ぜます。

b)ケールを大きなボウルに入れます。大さじ数杯をケールに注ぎ、マッサージしてコーティングします。他の野菜もすべてボウルに入れ、お好みでドレッシングをかける。かぼちゃの種ともやしをふりかけ、混ぜ合わせます。栄養を楽しみましょう！

## 61. アサイービネグレットのサマーサラダ

出来上がり量: 2 人分

**材料：サラダ：**
- お好みのミックスグリーン

**トッピング：**
- 新鮮なベリー
- 細切りアーモンドまたはクルミ
- 赤玉ねぎ、キュウリのスライス
- フェタチーズ

**ドレッシング：**
- 2/3 オリーブオイル　カップ
- リンゴ酢　1/4 カップ
- Sari Foods オーガニックアサイーパウダー　大さじ 2
- アガベネクターまたはメープルシロップ　大さじ 2
- 海塩　小さじ 1/2
- 挽いた黒コショウ　小さじ 1/2
- シナモンパウダー　小さじ 1/4 ディジョンマスタード　小さじ 1

**手順：**

a)ドレッシングの材料をすべてブレンダーに入れ、高速で混ぜて乳化させます。または、中くらいのボウルに入れて手で激しく泡立てます。大きなボウルにサラダとトッピングを混ぜ、ドレッシングで和えてお召し上がりください。

b)ドレッシングは蓋をして冷蔵保存すれば数週間保存できます

## 62. レインボーチャード ゴジベリーとピスタチオ添え

出来上がり量：4 人分

**材料：**

● オリーブオイル 大さじ 2
● 赤玉ねぎ 1 個（みじん切り）
● ニンニク 2 片（みじん切り）
● 細かく刻んだレインボーチャード 1 束
● 塩と挽きたての黒胡椒
● クコの実 1/3 カップ
● 無塩の殻付きピスタチオ 1/3 カップ

**手順：**

a) 大きなフライパンに油を中火で熱します。玉ねぎを加え、蓋をし、柔らかくなるまで約 5 分間煮ます。ニンニクを加え、かき混ぜながら 30 秒間柔らかくなるまで調理します。

b) フダンソウを加え、しおれるまでかき混ぜながら 3〜4 分間調理します。塩とコショウで味を調え、蓋をせず、時々かき混ぜながら、柔らかくなるまで約 5〜7 分間調理します。

c) クコの実とピスタチオを加えて混ぜ合わせます。すぐにお召し上がりください。

## 63. ゴジアボカドクルミシトラスサラダ

出来上がり量:4人分

材料：

- レタスグリーン4カップ
- アボカド1個 スライス
- オレンジ1個 皮をむき スライスする
- くるみ1/2カップ
- 生または乾燥したクコの実1/2カップ

**ドレッシング**

- エクストラバージンオリーブオイル大さじ1
- レモン汁1/2個
- 海塩小さじ1/4
- 挽きたての胡椒小さじ1/4

手順：

a) 混ぜ合わせ ドレッシングをかけて出来上がり！

## 64. ゴジとアロエベラドレッシング

出来上がり量:4 人分

## 材料：

● アロエベラジュース 1/4 カップ

● ライム果汁 1 個

● ゴジベリー 1/2 カップ

● フリーズドライザクロ仮種皮 大さじ 2

● ブドウ、リンゴ、ブルーベリー、イチゴ、またはお好みの新鮮な果物

## 手順：

a)すべての果物を細かく切り、サービングボウルに置きます。

b)他の材料をすべて加え、注意深くかき混ぜてお召し上がりください。

## 65. クコの実の秋サラダ

メイク: 4-6

**材料**

**サラダ用：**

- ベビーほうれん草 5 オンスのパッケージ 1 個
- 5 オンスのフェタチーズクランブル
- ピーカンナッツ半分 3/4 カップ
- グラニースミス青リンゴ 1 個をスライスして芯を取り除きます
- ゴジベリー2 オンスのパッケージ

**ドレッシングについて：**

- EVOO 1/4 カップ
- アップルサイダービネガー 1/4 カップ
- 蜂蜜 1/4 カップ
- 海塩 小さじ 1/4
- コショウ 小さじ 1/4

**手順**

a) 大きなサラダボウルにほうれん草を入れ、その上にフェタチーズ、ピーカンナッツ、リンゴ、クコのベリーをのせます。

b) 小さなガラス瓶に EVOO、アップルサイダービネガー、ハチミツ、塩、コショウを入れます。

c) 瓶に蓋をし、混ざるまで激しく振ります。

d) サラダにドレッシングをかける。

e) 楽しみ！

## 66. サーモン、アスパラガス、クコの実のサラダ

出来上がり量：4 人分

## 材料

- ひび割れ小麦  3/4 カップ
- 皮なし鮭の切り身  2 枚
- アスパラガス  2 束 （切り落とし）
- 新鮮なミントの葉  1/4 カップ
- 刻んだ新鮮なチャイブ  大さじ 1
- ゴジベリー  大さじ 2
- 細かくすりおろしたレモンの皮  小さじ 2
- レモン汁  大さじ 1
- エキストラバージンオリーブオイル  小さじ 2
- ベビーロケットリーフ  60g

## 手順

a) 大きめの耐熱ボウルに割った小麦粉を入れます。かぶるくらいの熱湯を注ぎます。20 分間浸しておきます。水を切り、スプーンの背で押しながら余分な水分を絞ります。大きなボウルに移します。

b) 炭火グリルを高温で予熱します。サーモンとアスパラガスにオリーブオイルを軽くスプレーします。

c) サーモンを片面 2〜3 分、中程度または好みの焼き加減になるまで焼きます。

d) アスパラガスを片面 1〜2 分、または柔らかくなるまで焼きます。

e)皿に移します。少し冷ましておきます。

f)サーモンを大きめにほぐします。アスパラガスは **5cm** 幅に切ります。

g)アスパラガス、ミント、チャイブ、クコの実、レモンの皮、レモン汁、油、ルッコラを砕いた小麦の入ったボウルに加えます。

h)味付けして軽く混ぜ合わせます。お皿に分けてサーモンをのせます。

## 67. ビーフサラダ、クコの実のピクルス添え

製造数: 4

**材料：**

- リブアイステーキ 2 枚
- カシューナッツドレッシング

**マリネの場合：**

- ライムの皮 2 個
- ライムジュース 大さじ 3
- ニンニク 2 片 （みじん切り）
- すりおろした生姜 大さじ 1
- 蜂蜜 大さじ 1
- 魚醤 小さじ 2
- 煎りごま油 大さじ 1
- 植物油 大さじ 2

**クコの実のピクルスの場合：**

- 温めたリンゴ酢 大さじ 3
- 蜂蜜 小さじ 2
- 細かい塩 小さじ 1/2
- ⅓カップのゴジベリー

**サラダ用：**

- ミニキュウリ 4 本 （薄くスライス）
- 小さな紫キャベツ 1 個 （千切り）
- 小さな緑のキャベツ 1 個 （千切り）

- ニンジン 2 本（皮をむき、薄く削る）
- ねぎ 4 本（細かくスライス）
- 赤唐辛子 1 本、種をこそぎ取り、細かくスライスする
- フレッシュミント、コリアンダー、バジル 各 1/2 カップ
- 仕上げに煎りごま 大さじ 2
- 乾燥赤唐辛子フレーク 小さじ 1/4

手順：

a)マリネの場合は、すべての材料を小さなミキシングボウルに入れ、泡立て器で混ぜます。

b)ステーキを非反応性皿に置きます。マリネの半分以上を霧雨とします。蓋をして冷蔵庫に入れ、数時間マリネします。取っておいたマリネはサラダのドレッシング用に取っておきます。

c)クコの実のピクルスの場合は、すべての材料をボウルに入れて混ぜます。30 分間放置して浸軟させます。

d)マリネしたステーキは焼く前に室温に戻してください。ル・クルーゼ 30cm 鋳鉄製シグネチャー シャロー グリルを熱くなるまで加熱します。ステーキを中火で 3〜4 分間焼きます。ひっくり返してさらに 3 分間、または好みの仕上がりになるまで調理します。スライスする前に 5〜7 分間休ませます。

e)ゴマを除くサラダの材料をすべて大きなボウルに入れます。取っておいたマリネを加え、軽く混ぜてコーティングします。サラダを皿に移します。スライスしたステーキをサラダの上に並べます。ごまを散らし、カシューナッツのドレッシングを添えてお召し上がりください。

# スーパーフードのスープ

## 68. チキン、ジンジャー、クコの実のスープ

生産量: 3 クォート

**材料：**
- 鶏 1 羽
- 水、約 8〜12 カップ
- 4 インチの生姜を横と縦に半分に切ります
- 大きめのニンニク 5 片 （砕いたもの）
- 玉ねぎ中 1 個、半分に切る
- 塩
- ココナッツアミノ
- 無香料ゼラチンパウダー 大さじ 1
- 塩 大さじ 1〜2
- にんじん 6 本、皮をむき、厚さ 1/2 インチにスライスする
- デリカータ スカッシュ 1 個 （皮をむき、さいの目切り）
- 乾燥クコの実 1/2 カップ
- 炊き上がった白米 2 カップ

**手順：**

a) 鶏肉と水を入れて玉ねぎ、にんにく、生姜を入れて沸騰させます。

b) 火を弱火にして 1〜2 時間、または鶏肉が骨から簡単に外れるまで煮ます。

c)鶏肉を鍋から取り出します。ザルやクモを使って、ニンニク、生姜、玉ねぎを取り出します。

d)ゼラチンと塩を混ぜ、この混合物をスープに加えます。

e)ココナッツアミノを大さじ 2 杯ほど加えます。

f)ニンジン、カボチャ、クコの実を加え、20〜30 分間、またはすべての野菜が柔らかくなるまで煮ます。

g)野菜を炒めている間に鶏肉を骨から外します。肉を細切りにします。

h)鶏肉をスープに加え、火から下ろします。

i) 炊きたての白いご飯と一緒にお召し上がりください。

## 69. クコと大根の豚汁

製造数: 4

**材料：**

- 1/2 ポンドのベビーバックリブを一口大に切ります
- 中大根 1 本、大きめに切る
- 生姜 3 枚
- ゴジベリー 一握り
- 中国酢 小さじ 1/2
- 塩で味わう
- 好みに応じて白コショウ少々
- ねぎ 2 本（トッピング用にみじん切り）

**手順：**

a)鍋に豚バラ肉を入れて蓋をし、冷水を中火にかけ、沸騰させ、豚バラ肉の色が変わるまで数分間煮、水を捨て、流水で洗い、よく水を切って置いておきます。

b)陶器の鍋またはダッチオーブンに豚バラ肉、大根、生姜、水 4 カップを加えます。

c)強火で沸騰したら弱火にし、蓋をして 35 分ほど煮ます。

d)中国酢、塩、白胡椒で味を調え、よく混ぜます。

e)クコの実を加え、さらに 5 分間煮てから火から下ろします。

f)新鮮な刻みネギの上に振りかけてお召し上がりください。

## 70. クコの入ったほうれん草のスープ

出来上がり量:4 人分

## 材料：

- みじん切りにしたニンニク 3 片
- 野菜スープ 4 カップ 低ナトリウムが望ましい
- クコの実 1/8 カップ
- ほうれん草 7 オンス
- 紹興酒 大さじ 1 と 1/2
- しょうゆ 大さじ 2 または お好みで

## 手順：

a) 大さじ 1 杯ほどのニュートラルな味の油をダッチオーブン/スープポットで加熱します。鍋が温まったら、にんにくを入れて香りが出るまで 1〜2 分炒めます。

b) 次に、野菜スープとクコの実を加えます。混合物を沸騰させ、その後火を弱めて穏やかに煮ます。蓋をして 5 分間調理します。

c) ほうれん草を加えて炒め、しおれるまで 2〜3 分煮ます。

d) 最後に紹興酒と醤油の半量を加えます。味を見て、必要に応じて醤油を追加します。

## 71. クコの実入り赤レンズ豆のスープ

出来上がり量:2 人分

材料：

- 浸したクコの実 1/2 オンス
- にんじん 1 本（みじん切り）
- エシャロット 1 個（みじん切り）
- すりおろした生姜 1 インチ片
- ニンニク 1 片（みじん切り）
- カレー粉 小さじ 3/4
- 赤レンズ豆 3/4 カップ
- ココナッツミルク 1/2 カップ
- コリアンダーの小房、みじん切り
- ライム 1 個

手順

a) オーブンを 350°F に加熱します。

b) 4 クォートのソースポットに大さじ 2 のオリーブオイルを入れ、煙が出なくなるまで中火で加熱します。

c) エシャロットとニンジンを鍋に加え、塩で味付けし、柔らかくなるまで約 5 分間調理します。

d) にんにく、生姜、カレー粉を加え、香りが出るまで 30 秒ほど炒めます。

e) レンズ豆と水 3 カップを加え、レンズ豆が柔らかくなり崩れるまで約 10 分煮ます。

f) ココナッツミルクの半分とコリアンダーの半分をスープに加え、塩、コショウで味を調えます。

g) おたまのスープをボウルに注ぎます。

h) 残りのココナッツミルク、ライムの皮、果汁を加えます。

i) 残りのコリアンダーとクコの実を飾ります。

## 72. ドラゴンプロジャト瓶

出来上がり量:4 人分

**材料：**

● 紹興酒 ２カップ

● 皮をむいた生姜のスライス ４枚（それぞれ約４分の１の大きさ）

● 乾燥クコの実 大さじ２

● 砂糖 小さじ２

● １ポンドのジャンボエビ、皮をむいて背ワタを取り、尾は残したまま

● 植物油 大さじ２

● コーシャーソルト

● コーンスターチ 小さじ２

**手順：**

a) 広いミキシングボウルに、ライスワイン、生姜、クコの実、砂糖を入れて、砂糖が溶けるまでかき混ぜます。エビを加えて蓋をします。冷蔵庫で 20〜30 分マリネします。

b) エビとマリネをボウルの上に置いたザルに注ぎます。マリネの 1/2 カップを取っておき、残りは捨てます。

c) 水滴がジュウジュウと音を立てて接触すると蒸発するまで、中華鍋を中強火で加熱します。油を注ぎ、回して中華鍋の底をコーティングします。少量の塩を加えて油に味付けし、軽くかき混ぜます。

d) エビを加えて激しく炒め、塩をひとつまみ加えながら裏返し、中華鍋の中でエビを投げます。エビがピンク色になるまで、約 3 分間エビを動かし続けます。

e) 取っておいたマリネにコーンスターチを入れて混ぜ、エビの上に注ぎます。エビを炒めてマリネでコーティングします。さらに 5 分ほど沸騰し始めると、とろみがつき、つややかなソースになります。

f) エビとクコの実を皿に移し、生姜を捨て、温かいうちにお召し上がりください。

# スーパーフードデザート

## 73. アサイーシャーベット

出来上がり量: 4 人分

**材料：**

- 新鮮なブルーベリー 2 カップ
- ライム
- 14 オンスの冷凍純粋無糖アサイーベリーピューレ
- 砂糖 1/2 カップ
- 2/3 コップに入った水

**手順：**

a)ストーブを中火にかけ、小さな鍋に水を沸騰させます。沸騰したら砂糖を加えてかき混ぜ、完全に溶かします。

b)砂糖が溶けたら、鍋をストーブから外し、ライムの皮を少し加えてかき混ぜます。シャーベットの他の部分を作業している間、これを冷ましておきます。

c)ブレンダーを取り出し、アサイーベリーの果肉、ブルーベリー、ライムジュース大さじ 2 杯を入れます。「ブレンド」ボタンを押して、この混合物を滑らかになるまでピューレにします。

d)次に、砂糖と石灰水をブレンダーに加え、もう一度「ブレンド」をクリックします。

e)混合物がすべて完全に混ざったので、アイスクリームマシンを開いてボウルに注ぎます。約 30 分間、またはシャーベットが濃くなるまでかき混ぜます。

f)シャーベットを容器に移し、冷凍庫に入れます。固まるまで少なくとも 2 時間はかかります。そんな時は、自分へのご褒美にシャーベットをどうぞ！

## 74. 焼かないブラックベリーとアサイーベリーのケーキ

出来上がり量: 4 人分

**材料：**
**ベース：**
- 穴の開いたメジュールデーツ 4 個
- アーモンド 1/2 カップ
- グルテンフリーのロールドオーツ 1/2 カップ

**ココナッツ層：**
- 全脂肪ココナッツミルク $\frac{3}{4}$ カップ
- 乳製品不使用ヨーグルト 1/4 カップ
- 粉寒天 小さじ 1/2

**アサイ＆ブラックベリーレイヤー：**
- ブラックベリー 100g
- 水 1/2 カップ
- 乳製品不使用ヨーグルト 1/4 カップ
- 全脂肪ココナッツミルク 1 カップ
- メープルシロップ 大さじ 3
- アサイーベリーパウダー 大さじ 1
- 粉寒天 小さじ 1

## ココナッツ層：

- 全脂肪ココナッツミルク $\frac{3}{4}$ カップ
- 乳製品不使用ヨーグルト 1/4 カップ
- 粉寒天 小さじ 1/2

## ブラックベリーゼリー：

- ブラックベリー 100g
- 水 1/2 カップ
- メープルシロップ 大さじ 3
- 粉寒天 小さじ 1/2

**手順：**

a)パン型にクッキングシートを敷きます。フードプロセッサーにベースの材料を加え、よく混ざるまで加工します。混合物を準備した鍋に移し、底にしっかりと押し込みます。ココナッツの層を準備しながら、パンを冷凍庫に入れて固めます。

b)ココナッツ層：鍋にココナッツミルクを入れて沸騰させます。寒天を加えて絶えずかき混ぜ、寒天が完全に溶けるまでかき混ぜ続けます。次に火を弱め、ヨーグルトを加えて混ぜます。1 分間煮ます。火を止め、混合物が少し冷めるまで放置します。混合物をベースの上に注ぎます。冷蔵庫で冷やして固めます。

c)アサイーレイヤー：ベリーと水をブレンダーに加え、滑らかになるまでブレンドします。鍋にココナッツミルクとブラックベリーピューレを入れて沸騰させます。寒天とアサイーパウダーを加え、絶えずかき混

ぜ、寒天が完全に溶けるまでかき混ぜ続けます。次に火を弱め、ヨーグルトとメープルシロップを加えて混ぜます。1分間煮ます。火を止め、混合物が少し冷めるまで放置します。混合物を固まったココナッツ層の上に注ぎます。冷蔵庫に入れて固めます。

d)ブラックベリーゼリー：鍋に水とブラックベリーを入れて沸騰させます。寒天を加えて絶えずかき混ぜ、寒天が完全に溶けるまでかき混ぜ続けます。次に火を弱め、メープルシロップを加えて混ぜます。1 分間煮ます。火を止めて、セットしたブラックベリー層の上に混合物を注ぎます。鍋を冷蔵庫に移し、固まるまで放置します。

# 75. アサイーアイスキャンディー

作るもの：アイスキャンディー10 個

## 材料：

● 新鮮なミックスベリー、イチゴ、ラズベリー、ブルーベリー、ブラックベリー　3 1/2〜4 カップ

● プレーンまたはバニラギリシャヨーグルト　3/4 カップ

● 牛乳　1/2 カップ

● 砂糖または砂糖代替品　1/4 カップ

● アサイーパウダー　大さじ 2、または冷凍アサイー1 パック

## 手順：

a)果物を洗って準備します。イチゴのヘタを切り落とします。

b)高速ブレンダーにベリー、ヨーグルト、牛乳、砂糖、アサイーパウダーを加えます。滑らかになり、種子が約 2 分間分解されるまでブレンドします。

c)アイスキャンディーの型に流し込みます。アイスキャンディーの棒を各型の中央に差し込みます。

d)完全に凍るまで冷凍します。

e)アイスキャンデーを型から取り出し、お召し上がりください。

f)密閉容器またはジップロックに入れて冷凍庫で最長 3 か月間保存できます。

# 76. ヴィーガンアサイーベリーケーキ

生産数: 8

**材料：**

**ベース：**

- チョコレート中のバルク栄養素アースプロテイン 30g
- アーモンドミール 65g
- バニラエッセンス 小さじ1
- 米麹シロップ 60g
- オーツ麦 50g
- 種子 10g
- ココアパウダー 15g
- 生カシューナッツ 50g
- お好みのミルク 75ml - 今回はアーモンドミルクを使用しました

**トッピング：**

- バニラプロテインパウダー 30g
- 冷凍アサイーピューレ 200g
- 生カシューナッツ 200g - 水に浸して柔らかくします。
- ココナッツクリーム 300ml
- 溶かしたココナッツオイル 40g
- ゼラチンまたはビーガン代替品 小さじ2 - 20ml の熱湯に溶かす
- 米麹シロップ 50g
- バニラエッセンス 小さじ1

**手順：**

a)ケーキ型にベーキングペーパーを敷きます。

**ベースを作るには：**

b)カシューナッツとオーツ麦をミキサーに入れてパルスします。

c)他の材料をすべて加え、手で混ぜます。

d)ケーキ型の底に押し込みます。

**トッピングを作るには：**

e)すべてのトッピング材料をプロセッサーに入れ、滑らかになるまでブレンドします。

f)ベースの上に注ぎます。

g)冷蔵庫に入れます。一晩放置して固めるのがベストです。

## 77. バナナとアサイーのアイスクリーム

出来上がり量: 2 人分

## 材料：

- 冷凍バナナ 2 本
- 4 オンスの冷凍アサイー
- メープルシロップ 大さじ 1 と 1/2
- バニラエッセンス 小さじ 1/2

## 手順：

a)　すべての材料をフードプロセッサーのボウルに入れ、クリーミーで美味しくなるまで回転させます。

# 78. アサイーチョコレートムース

出来上がり量: 4 人分

## 材料：

- 砂糖不使用のダークチョコレートビット　100g
- デーツ　175g、種抜き
- 卵白　5 個
- ココナッツシュガー　小さじ 3
- アサイーパウダー　1/4 カップ
- ギリシャ/ナチュラルヨーグルト　2 カップ
- ココナッツウォーターパウダー　大さじ 2
- 蜂蜜　大さじ 3

## トッピング：

- ココナッツフレーク
- ブルーベリー/ラズベリー

## 手順：

a)デーツを鍋に入れ、水を注ぎます。沸騰させて、デーツが非常に柔らかくなるまで、時々かき混ぜながら煮ます。

b)耐熱ボウルにチョコレートを入れ、熱湯をかけて溶かします。少し冷ましておきます。

c)日付と残りの沸騰した液体をフードプロセッサーで滑らかになるまで処理します。冷まし、チョコレートを加え、混ざり合うまで加工します。

d)ヨーグルト、アサイーパウダー、蜂蜜をボウルに入れてよく混ぜます。

e)卵白を非常に清潔で乾いたボウルに入れ、白く硬くなるまで泡立てます。小さじ 1 杯のココナッツシュガーを加えて 1 分間混ぜ、残りのココナッツシュガーを加えて卵白につやが出るまで混ぜます。

f) 少量の卵白をデーツ混合物に加えてほぐし、そっと混ぜます。⅓ 卵白を通します。

g)デーツチョコレート混合物の薄い層を各カップに注ぎ、冷蔵庫で 15 分間冷やします。

h)その間に、残りの卵白をアサイー混合物に静かに混ぜます。カップに分けて冷蔵庫で 1 時間以上寝かせます。

i) 新鮮なブルーベリー、ココナッツフレーク、ナッツ、またはお好みのトッピングをトッピングしてお召し上がりください。

# 79. アサイーチアプリン

出来上がり量: 4 人分

## 材料

● チアシード 3/4 カップ

● 非乳製品ミルク 2 3/4 カップ

● 6-8 メジュールデーツ、ピット

● アサイーマキボウルミックス 大さじ 6

● 生または冷凍のブルーベリー 1/4 カップ

● オプショントッピング：グラノーラ、フレッシュフルーツ、カカオニブなど

## 手順

a)まず、種を除いたデーツと非乳製品ミルクを高速ブレンダーに加え、滑らかになるまで高速でブレンドします。

b)残りの材料をブレンダーに加え、すべてがよく混ざるまでパルスまたは低速でブレンドします。5 分間放置してから、もう一度混ぜます。「プリン」は著しく濃くなるはずです。可変設定のブレンダーをお持ちでない場合は、すべてをボウルに移し、手で泡立てることもできます。

c)チア プディングを瓶に移し、冷蔵庫で最大 5 日間保存します。アサイーチアボウルの底にグラノーラとフルーツを大さじ 2 杯入れ、さらにフルーツ、グラノーラ、カカオニブを上に重ねました。

## 80. クコのビートのココナッツアイスクリーム

出来上がり量：4 人分

材料：
ココナッツ層：
● ココナッツの細切り 3 カップ
● 米麹シロップ 1/4 カップ
● ココナッツミルク 大さじ 1
● ココナッツオイル 大さじ 1

ピンクの層：
● ココナッツの細切り 3 カップ
● 米麹シロップ 1/4 カップ
● ココナッツミルク 大さじ 1
● ココナッツオイル 大さじ 1
● オーガニックチアシード 大さじ 2
● ⅓ カップゴジベリー
● オーガニックビーツパウダー 小さじ 1

**手順：**

a)ココナッツ層の材料をフードプロセッサーに入れ、混合物がくっつくまでパルスします。裏打ちされた中型の正方形の型に混合物を広げ、冷凍庫に入れます。

b)次にピンク色の層に移り、この層の材料をフードプロセッサーに入れ、混合物がくっつくまでパルスします。ココナッツ層の上に広げて冷凍します。

c)正方形にカットする前に、少なくとも 30 分間冷凍してください。

d)追加のゴジベリーをトッピングしてお召し上がりください。

## 81. クコをトッピングしたベリーフローズンヨーグルト

出来上がり量:4人分

## 材料：

● 冷凍ミックスベリー 2 カップ

● アサイーパウダー

● 低脂肪ギリシャヨーグルト 1 カップ

● フレッシュブルーベリーとゴジベリーをトッピング

## 手順：

a)ミックスベリーとアサイーパウダーを高速ブレンダーに加え、混合物が滑らかになるまでブレンドします。

b)付属の説明書に従ってアイスクリームメーカーに入れてお召し上がりください。アイスクリームメーカーをお持ちでない場合は、材料を混ぜ合わせたらすぐにお召し上がりください。

c)ブルーベリーとゴジベリーを飾ります。

## 82. バニラゴジベリーアイスクリーム

出来上がり量：4人分

**材料：**

**アイスクリーム：**

● 生のカシューナッツ 3/4 カップ（あらかじめ浸して裏ごししたもの）

● 無糖乳製品ミルク 大さじ 6

● メープルシロップ 大さじ 5

● ココナッツオイル 大さじ 4

● 純粋なバニラエキス 小さじ 1

● 生の挽いたバニラビーンズ 小さじ 1/2

● 海塩 小さじ 1/4

**折り込み：**

● 乾燥クコの実 1/4 カップ

● 食用の乾燥した青いヤグルマギクの花びら 大さじ 1

**手順：**

a) パワーブレンダーですべてを滑らかな混合物にブレンドします。

b) 中・小型のガラス製冷凍保存可能な容器に移します。

c) クコの実とヤグルマギクの花びらを散らします。氷結。

## 83. ゴジとピスタチオとレモンのタルト

生産数: 12

**材料：**
**生のビーガンピスタチオクラストの場合：**
- アーモンド粉またはアーモンドミール 1 と 1/2 カップ
- ピスタチオ 1/2 カップ
- 3 つの日付
- ココナッツオイル 大さじ 1 と 1/2
- 粉末カルダモンパウダー 小さじ 1/2
- 塩 小さじ 1/8

**充填：**
- ココナッツクリーム 1 と 1/2 カップ
- レモン汁 1 カップ
- コーンスターチ 大さじ 1
- 寒天 小さじ 2
- メープルシロップ 1/4 カップ
- 粉末ターメリックパウダー 小さじ 1/2
- バニラエッセンス 小さじ 1
- クコエキス 小さじ 1/2

**トッピング：**
- ゴジベリー 一握り
- ドラゴンフルーツ
- 食用の花

● チョコレートハート

**手順：**

**タルトシェル**

a)アーモンド粉とピスタチオをフードプロセッサー/ブレンダーで細かい粉になるまで混ぜます。

b)残りの生地の材料を加え、均一な粘着性の混合物が得られるまでよく混ぜます。

c)タルト型に生地を入れ、土台の中に均等に広げます。

d)詰め物を準備している間、冷蔵庫で冷やしておきます。

**充填**

e)ココナッツクリームを中型の鍋に入れて加熱し、滑らかで均一になるまでよくかき混ぜます。

f)コーンスターチや寒天など、残りの具材を加えます。

g)絶えずかき混ぜながら沸騰させ、とろみが出るまで数分間煮ます。

h)混合物が濃くなったら火から下ろし、10〜15 分間冷まします。

i) 次に、生地の上に注ぎ、完全に冷めるまで放置します。

j) 中身が完全に固まるまで、少なくとも数時間冷蔵庫に入れてください。

k)クコの実、ドラゴン フルーツ ボール、エディブル フラワー、またはお好みのトッピングで飾りましょう。

## 84. ゴジベリーカップケーキ チョコレートガナッシュ添え

作る量：カップケーキ約 30 個

**材料：**
- 7 オンスのビタースウィートチョコレート、刻んだもの
- 無塩バター　12 オンス
- 砂糖　2 1/4 カップ
- 大きめの卵　8 個（室温）
- 中力粉　1 1/4 カップ
- 無糖ココアパウダー　1/4 カップ
- ベーキングパウダー　小さじ 1 と 1/2
- ヒマラヤピンクソルト　小さじ 1/4
- クコの実　みじん切り　3/4 カップ
- チョコレートガナッシュ

**手順：**

a)オーブンを 350 度に予熱します。

b)カップケーキライナーを付けたカップケーキ型を準備します。

c)金属製のボウルにチョコレートを入れます。チョコレートにバターを加え、沸騰したお湯の入った鍋の上にボウルを置きます。チョコレートが溶けてバターが混ざるまでかき混ぜます。

d)火から下ろし、砂糖を加えて混ぜます。混合物を 10 分間冷まします。混合物をスタンドミキサーのボウルに注ぎ、3 分間泡立てます。

e)卵を一度に 1 個ずつ加え、それぞれの間隔で 30 秒間混ぜます。

f)小麦粉、ココアパウダー、ベーキングパウダー、塩をボウルに合わせてふるいにかけます。混合物に加え、混ざるまで混ぜます。

g)クコの実を加えてかき混ぜます。カップケーキカップにすくって、25 分間、またはつまようじできれいになるまで焼きます。オーブンから取り出し、ワイヤーラックの上で冷まします。

h)カップケーキの上にガナッシュを絞り出し、ピンク色の塩を振りかけます。

## 85. チョコレートゴジバナナポップス

製造数: 6

**材料:**

● 中くらいの大きさのバナナ 4 本 皮をむき、横半分に切ります

● アイスキャンデーの棒

● ダークチョコレートチップ/ボタン 1 1/2 カップ

● ココナッツオイル 小さじ 1/4

**トッピング**

● トーストしたミューズリーとカボチャの種

● ゴジベリーと角切りドライアプリコット

● フリーズドライザクロ仮種皮とココナッツチップ

● 刻んだピスタチオナッツとスライスアーモンド

● アーモンドの細切りとココナッツの細切り

● キヌアパフ

**手順:**

a)チョコレートチップ/ボタンとココナッツオイルを電子レンジ対応の
ボウルに入れ、中出力で少なくとも 15 秒間加熱し、溶けるまでそ
れぞれを混ぜます。

b)バナナをチョコレートに浸したときに、溶けたチョコレートがバナナの
長さの少なくとも 3/4 を覆うように、広口のマグカップを使用してく
ださい。

c) 各トッピングを平らなトレイに広げ、チョコレートで覆われたバナナを好みのトッピングで巻きます。別の小さなトレイにワックスペーパーを置きます。

d) 他のトッピングでもこのプロセスを繰り返し、少なくとも 30 分間、またはコーティングが固まるまで冷凍庫に入れます。冷やしてお召し上がりください。

## 86. アサイーベリーパイ

出来上がり量: 4 人分

## 材料
### クラストの場合：
● グルテンフリーのパイ生地 1 枚

### 詰め物用：
● アサイーピューレ 1/2 カップ

● 冷凍ミックスベリー 3 カップ

● ココナッツオイル 大さじ 1〜2

● すりおろし生姜をひとつまみ

● シナモンのダッシュ

● バニラのダッシュ

### クランブルトッピングの場合：
● グルテンフリーオーツ麦 2 カップ

● 溶かしたココナッツオイル 1/2 カップ

● 海塩少々

● ダッシュシナモン

● オプション: 刻んだナッツと種子 少量

## 手順：
a)オーブンを 350°F に予熱します。 フィリングを作るには: アサイーピューレ、冷凍ミックスベリー、およびオプションの生姜またはシナモンをブレンダーで混ぜ合わせます。

b)滑らかになるまでブレンドします。ボウルに残りのベリーを加え、ブレンドした混合物を加えます。かき混ぜて混ぜ合わせます。混合物をパイ生地に注ぎ、混合物を均一に滑らかにします。

c)その上に、少量のココナッツオイルを均等に塗ります。

d)クランブルミックスをトッピングします。クランブルを作るには：ボウルにすべての材料を入れて混ぜます。

e)すべてのオーツ麦が覆われていることを確認してください。パイフィリングの上をすくい、軽くたたきます。350°F で 30 分間、またはきつね色になるまで焼きます。

f)お召し上がりになる前に冷ましてください。アサイーシャーベットをひとさじ加えてアラモードにしてみてはいかがでしょうか。

## 87. アサイーバナナブレッド

出来上がり量: 6 人分

## 材料

- アサイーピューレ
- ビーガンバター 1/2 カップ
- ビーガンシュガー 1 カップ
- 特大の熟したバナナ 3 本
- 卵代替品 2 個相当
- バニラ 小さじ 1/2
- レモン汁 小さじ 1/2
- 無漂白小麦粉 1 1/2 カップ
- 熱湯 大さじ 1 と 1/2

## 手順：

a)オーブンを 350 度に予熱します。

b)準備するには、標準的なパン型にバターを塗り、バナナをいくつかの塊で滑らかになるまでマッシュし、卵白と卵黄を 2 つの異なるボウルに分けます。

c)バターと砂糖を大きなボウルに入れてクリーム状に混ぜます。バナナ、卵黄、バニラ、レモン汁、重曹を加えてよく混ぜ、小麦粉を加えて均一になるまでかき混ぜます。

d)卵白を硬くなるまで混ぜ、生地が混ざるまでそっと混ぜます。最後に熱湯を注いでかき混ぜます。

e)生地の半分をパン型に注ぎ、アサイーパックを加えて中間層を作り、残りの生地を注ぎます。

f)木串またはその他の同様の形状の器具を使用して、生地を円を描くように静かにかき混ぜて、アサイーの渦を作ります。

g)約 45 分間、または中央につまようじを差し込んできれいになるまで焼きます。

h)15 分ほど冷ましてお召し上がりください。

## 88. 生アサイーブラウニー

出来上がり量: 6 人分

**材料**
**ブラウニーの場合：**
● アサイーピューレ

● クルミ　1 1/2 カップ

● ビーガンカカオパウダー　大さじ 61

● バニラ　小さじ 1/2

● 種抜きデーツ　2 1/2 カップ

● ヒマラヤ海塩　ひとつまみ

**トッピングの場合：**
● 生カシューナッツ　$\frac{3}{4}$ カップ

● 溶かしたココナッツオイル　大さじ 2

● メープルシロップ　大さじ 3

● アサイーピューレ

● 冷凍ミックスベリー

**手順：**

a)アサイーピューレ、デーツ、クルミ、カカオ、バニラ、塩をフードプロセッサーで混ぜます。滑らかになるまで加工します。必要に応じて側面をこすり落とします。8 x 8 の天板にココナッツオイルを薄く塗るか、クッキングシートを使用します。

b)生地を型に移し、均一になるまでしっかりと押します。冷蔵庫に少なくとも 2 時間入れてください。

c)トッピング用：生のカシューナッツ、メープルまたは蜂蜜、アサイー、ココナッツオイルをフードプロセッサーで手早くパルスします。

d)お好みで塩をひとつまみ加え、冷凍ミックスベリーを一掴み加えます。冷蔵庫で 2 時間ほどブラウニーが固まったら、フロスティングをかけてさらに 1〜2 時間冷蔵庫に戻します。

e)切ってお召し上がりください。

# スーパーフードドリンク

## 89. ミンティアサイーカクテル

出来上がり量: 2 人分

## 材料

- アサイージュース 10 オンス
- ウォッカ 2 オンス
- 冷凍ブルーベリー 1/4 カップ
- ミント 1 枝
- レモン半分の果汁
- 氷
- 新鮮なブルーベリー 一握り

## 手順

a) 冷凍ブルーベリー、ミント、レモン汁をシェーカーに入れます。

b) 材料を混ぜ合わせます。

c) ウォッカ、氷、アサイージュースを加えます。

d) 20 秒間振ります。

e) ストレーナーの上から氷を入れたグラスに注ぎます。

f) さらに新鮮なブルーベリー、レモン、ミントをトッピングします。

## 90. ブルボン・アサイー・カクテル

出来上がり量: 1 回分

## 材料

● バーボン　2 オンス
● フレッシュレモン汁　大さじ1
● ブラックベリーシンプルシロップ　小さじ2
● ⅓カップエナジードリンク
● 冷凍ブラックベリー　5 個

## 手順

a) シェーカーにバーボン、レモン汁、ブラックベリーシロップ、エナジードリンク、氷を入れて混ぜます。よくまぜろ。

b) 背の高いグラスに濾して冷凍ベリーを注ぎ、必要に応じてミントを飾ります。

# 91. ストロベリー・アサイー・ロゼ・スプリッツァー

作る：2

## 材料
- イチゴ 1 カップ
- レモン汁 1/2 個
- 8 オンス ロゼ
- 6 オンスのエナジードリンク
- 飾り用: イチゴ、レモンスライス、ミントの葉

## 手順
a)ブレンダーでイチゴとレモン汁を滑らかになるまでピューレにします。

b)スプリッツァーごとに、大さじ 3 杯のイチゴピューレとロゼをグラスに加えます。

c)氷を加え、エナジードリンクを注ぎます。もう一度かき混ぜます。

d)イチゴ、レモンスライス、フレッシュミントを飾り付けてお楽しみください。

## 92. ブルーマティーニ・アサイー・カクテル

出来上がり量: 1 回分

## 材料
● アサイー エナジードリンク 1 部
● ウォッカ 1 部

## 手順
a) 氷の上に注ぎ、シェーカーでシェイクします。
b) マティーニグラスに濾します。

## 93. カイピリーニャ・アサイー・カクテル

出来上がり量: 1 回分

## 材料
● アサイーエナジードリンク 2 部
● カシャッサ 1 部
● ライムウェッジ 1/2 本
● 粗糖　小さじ 1

## 手順
a) シェイカーの底にライムを混ぜ、カシャーサ、アマゾン エナジー、砂糖、そして健康的な氷を一掴み注ぎます。

b) シェイクして、もう少し砂糖を加えた縁のあるグラスに注ぎます。

## 94. ジンジャーアサイーカクテル

出来上がり量: 1回分

## 材料
● アサイーエナジードリンク　1缶
● ジンジャービール

## 手順
a)まずはジンジャービールをグラスに注ぎ、お好みでアサイーエナジードリンクを加えてください。

b)コレクション　amazon　エナジードリンク　消費ドリンク　商品オリジナル　アサイーエナジードリンク　種類　ドリンク

## 95. アサイー ジントニック

作る：カクテル 1 杯

## 材料
- 2 1/2 オンスのジン
- 1 オンスのライムジュース
- オーガニックアサイーパウダー　小さじ 1
- 5 オンスのトニックウォーター

## 手順

a) カクテルシェーカーにジン、ライムジュース、アサイーパウダーを加えます。

b) 氷と一緒に 30 秒間シェイクします。

c) 2 つの小さなグラスに氷を入れ、ジンとライムを混ぜたものを上から注ぎます。

d) トニックウォーターを注ぎ、紫の花を飾ります。ドライアイスを使用する場合は、提供する前にカクテルにひとかけら加えてください。

## 96. ラズベリー、リースリング、アサイーのカクテル

作る：1

## 材料

- ラズベリーアサイージュース 1 部
- リースリング 1 部
- ソーダ水
- 新鮮なイチゴ、スライス

## 手順

a)同量のラズベリーアサイーとリースリングを加えます。

b)クラブソーダを注ぎます。

c)新鮮なイチゴを飾ります。

## 97. チェリーバニラスムージー

作る：2

**材料：**

- 種を抜いた冷凍チェリー 1 カップ
- 生マカダミアナッツ 1/4 カップ
- バナナ 1/2 本、乱切りにします
- 乾燥クコの実 1/4 カップ
- 純粋なバニラエキス 小さじ 1
- 水 1 カップ
- 氷 6〜8 個

**手順：**

a)アイスクリーム以外のすべての材料をブレンダーに入れ、滑らかでクリーミーになるまで処理します。

b)氷を加えて再度処理します。氷を冷やしてお飲みください。

## 98. ゴジとチアのストロベリースムージー

作る：2

**材料：**
- クコの実　大さじ1
- イチゴ　大さじ1
- シナモンスティック　1インチ片
- チアシード　大さじ2〜4
- ココナッツオイル　大さじ1
- 16オンス。ココナッツウォーター
- ⅓麻の実をカップに
- ケールの大きな葉　2〜3枚
- 冷凍ベリー　1カップ
- 冷凍バナナ　半分

**手順：**
a)クコの実、シナモン、チアシードをミキサーに入れ、十分に隠れるくらいのココナッツウォーターを加えます。10分ほど浸したままにしておきます。

b)残りのココナッツウォーターと材料をブレンダーに入れ、適切なスムージー設定で処理し、希望の粘度になるように液体を追加します。

## 99. ミックスゴジベリースムージー

作る：2

**材料：**
- イチゴ 2 カップ
- 熟したバナナ 1 本
- クコの実 1/4 カップ
- ミックス冷凍ベリー 1 カップ
- 根生姜 1 インチのつまみ
- ココナッツウォーター 1/4 カップ

**手順：**
a)すべての材料をブレンダーに加えます。
b)刻んだココナッツとイチゴを飾ります。

# 100. ゴジ、マンゴー、バオバブのスムージー

出来上がり量：3 カップ

**材料：**

● 水 2 カップ

● マンゴー 1 個

● クコの実 1/4 カップ

● ナツメヤシ 5 個、穴を開けて浸したもの

● バオバブパウダー 小さじ 2

**手順：**

a) 高速ブレンダーの場合は約 30 秒間、通常のブレンダーの場合
は 60 秒間、すべてを高速でブレンドします。

# 結論

おめでとうございます。「スーパーフード キッチン」の最後に到達しました。スーパーフードの驚異的な力を楽しんで発見し、これらの栄養価の高い食品を毎日の料理に取り入れるためのインスピレーションをたくさん見つけていただければ幸いです。

スーパーフードを使った料理は人によっては初めての経験かもしれないと思いますが、この料理本がそれがいかに簡単で美味しいかを知っていただければ幸いです。あなたがベテランのプロでも、好奇心旺盛な初心者でも、スーパーフードを料理に取り入れることは、健康と幸福を改善する素晴らしい方法です。

スーパーフード料理を成功させる鍵は、高品質の食材を選び、レシピに厳密に従い、さまざまな味や食感を試して独自のユニークな料理を作成することであることを忘れないでください。

この料理本が気に入ったら、ぜひチェックしてください

Ingram Content Group UK Ltd.
Milton Keynes UK
UKHW021839100723
424883UK00008B/72